陪孩子幸福成长

王建平 | 著

清华大学出版社
北京

内 容 简 介

这可能是一本和你距离最近的育儿书！

为什么和孩子沟通那么难？为什么他们很不听话？为什么孩子不愿和我讲心事？对新手爸爸妈妈来说，养育孩子的过程也是一路升级打怪的过程，总有许多"搞不定"的时候，困难不断地考验着爸爸妈妈的耐心和智慧。

本书是作者在十余年的家庭教育生涯中提炼出的最常见的家庭教育问题，涵盖了儿童成长的各个方面。育儿路上大多数新手爸爸妈妈可能会遇到的难题在这里都可以找到答案。

本书封面贴有清华大学出版社防伪标签，无标签者不得销售。
版权所有，侵权必究。举报：010-62782989，beiqinquan@tup.tsinghua.edu.cn。

图书在版编目（CIP）数据

陪孩子幸福成长 / 王建平著 . —北京：清华大学出版社，2022.3（2022.5重印）
ISBN 978-7-302-60359-7

Ⅰ.①陪… Ⅱ.①王… Ⅲ.①儿童—家庭教育 Ⅳ.① G78

中国版本图书馆 CIP 数据核字（2022）第 044452 号

责任编辑：杜春杰
封面设计：刘　超
版式设计：文森时代
责任校对：马军令
责任印制：朱雨萌

出版发行：清华大学出版社
　　　网　　址：http://www.tup.com.cn，http://www.wqbook.com
　　　地　　址：北京清华大学学研大厦 A 座　　邮　　编：100084
　　　社 总 机：010-83470000　　邮　　购：010-62786544
　　　投稿与读者服务：010-62776969，c-service@tup.tsinghua.edu.cn
　　　质量反馈：010-62772015，zhiliang@tup.tsinghua.edu.cn
印 装 者：大厂回族自治县彩虹印刷有限公司
经　　销：全国新华书店
开　　本：170mm×240mm　　印　张：16.25　　插　页：2　　字　数：218 千字
版　　次：2022 年 4 月第 1 版　　　　　　印　次：2022 年 5 月第 2 次印刷
定　　价：56.00 元

产品编号：096014-01

王建平家庭教育全国公益巡讲·走进56个民族

1. 习近平总书记任职宁德地委书记时曾调研过福安坂中乡仙岩村民族实验小学。在福建宁德畲族讲课期间，我们来到这所小学参观学习。
2. 2019年9月，在西藏山南市巡讲、家访。
3. 为张家界市桑植县芙蓉桥白族乡芙蓉小学捐赠4000册图书。

王建平家庭教育
全国公益巡讲·走进56个民族

4. 14岁回族女孩李卓雅,是我"走进56个民族"活动家访的第一个孩子。
5. 去苗族孩子家家访,山路不好走,当地着民族服饰的老师陪同我前往。
6. 为土家族的家长和孩子们讲课。

王建平家庭教育
全国公益巡讲·走进56个民族

7. 给侗族家长讲课，我哭着分享了家访中遇到的一个特别孝顺和懂事的侗族小女孩的故事，很多家长也陪着我掉眼泪。
8. 在广西壮族自治区昭平县黄姚镇小学的课堂上，欢笑声一片。
9. 樱花树下，我和三名品学兼优的朝鲜族女孩金敏智、洪可莹、全秀珉（从左至右）。

10. 我把珍爱的围巾留给了仡佬族女孩。
11. 在湖南株洲炎陵县中村瑶族乡讲课，中村瑶族乡是长株潭地区唯一的少数民族乡。
12. 福建漳州华安县是我国（不包括港澳台地区）高山族聚居最集中的县，讲课间隙，我和华安县第二实验小学的学生跳起了欢快的高山族竹竿舞。

序一

秉承初心，砥砺前行

  王建平博士是妇女界有名的模范人物，她先后获得全国五一劳动奖章、全国三八红旗手、全国巾帼建功标兵、全国农村留守儿童关爱保护和困境儿童保障工作先进个人等称号；同时，她又是一个始终不忘初心、坚持中国特色社会主义教育立德树人根本任务的优秀教育工作者。作为家庭教育全国公益巡讲的发起人、主讲人，她从2013年开始在偏远地区举办了上百场"家庭教育公益"讲座，为广大家长提供了系统、科学的家庭教育指导。她还是一位资深的理论研究工作者，不断深入研究教育，特别是家庭教育的理论，孜孜不倦，始终不渝。这本《陪孩子幸福成长》就是她多年实践经验与长期理论探索相结合的结晶，展现的是一位教育者不忘初心、砥砺前行的不懈追求，一位理论工作者以专注和敬业造就的真知灼见，一位杰出的慈善人士心怀大爱、成就大义的挚爱与深情。《陪孩子幸福成长》是一本科学指导家庭教育的负责任的读物。

  首先，这种高度的责任感体现在全书坚持中国特色社会主义教育立德树人的根本任务，在价值追求和思想认识上，以习近平同志关于教育和儿童的重要指示精神，特别是关于家庭建设、家庭教育的重要论述为主导。《陪孩子幸福成长》无论是全书的内容布局，还是每一章节的分析阐述，始终坚持正确的导向，显示了作者较高的思想政治素养和思想政治引领水平。进入新时代，以习近平同志为核心的党中央对家庭建设、家庭教育的重点和根本任务，以及中国家庭建设的基本方针等问题，做了系统的论述，明确提出家庭建设要成为国家发展、民族进步、社会和谐的重要基点。在多次讲话中，习近平同志用四个"第一"确立了家庭教育在人的发展过程中的基础地位，用"三个注重"，确立了家庭建设的重点，指出了家庭教育是品德教育，是如何做人的教育，对家长提出了时时处处给孩子做榜样，用正确行动、正确思想、正确方法教育、引导孩子的明确要求。王建平博士对家教问题的解读使我们深切地感受到，这些重要的指导精神渗透在每一个问题的分析和阐述中。全书始终坚持正确的儿童观、教育观，以儿童为本，围绕人的全面发展，重点阐述"培养什么人"这一教育的首要问题。在这本书里，无论是孩子发展的方向和目标，还是对家长思想认识的引导，抑或是对家庭自身建设的指导，都始终贯穿了以习近平同志为核心的党中央关于新时代家庭教育的重要指导思想，体现了中宣部、中央文明办、中央纪委机关、中组部、国家监委、教育部、全国妇联印发的《关于进一步加强家庭家教家风建设的实施意见》的精神实质和全面要求。

其次，这种高度的责任感体现在该书强烈的实践特点和指导意义上。作者将数十年在家庭教育指导过程中总结出的100个常见的育儿问题，给予科学的归纳和总结，以问题为导向，摆事实，讲道理，同时提出具体的、可操作的、指导性的建议。这些问题涵盖了儿童成长的方方面面，都是当前社会家庭教育中父母遇到的最常见的难题。从本质上讲，教育是具有非常强烈实践属性的社会事务。人类的学习是一个认知的过程，但它又不仅仅是单纯意义上的认知，学习的重要条件是实践。教育和学习实际上是两方面的统一——教育者正确引导与受教育者学会独立思考和积极实践相统一。正因为如此，学习的实践一定具有价值性、情景性和过程性的特点。任何教育都需要依赖一定的情景，都要反映在相应的过程中。在一定意义上，所谓教育，就是在一定的情景下，通过一系列的互动过程，将包含在客观事物中的知识，特别是其中的价值有效、有序地代代相传，使受教育者具备在价值和知识指导下的相应能力。所以，方法论是教育学的重要组成部分，具体的教育模式在教育研究和实践中都具有重要的地位。尤其是家庭教育辅导是以家长为对象的教育，面对的受众年龄各异，社会身份不同，文化水平不等，价值观念不同，教育的实践属性就成了教育效能的决定性因素。《陪孩子幸福成长》的作者将自己在长期家庭教育实践中的精华加以总结，提炼出一系列具体的教育运行模式，还有无数精彩的颇具启发性的小故事、小情景、小方法，这对于广大家长无疑具有重要的实践指导意义和具体行为上的借鉴意义。而这些精华的提炼，展示出作者长期积累的实践能力，以及对于基本理论的丰富而精准的把握和多方面的积淀。

最后，这种高度的责任感体现在渗透于所有问题背后的理性思考和创新上。王建平是博士后，扎实的理论基础和深入的研究功底使《陪孩子幸福成长》一书从头至尾，在每一种具体方法、情景故事背后，都体现出深刻的思索——基础认知价值的传递。读全书的开头，对于亲子关系，作者引用了一段有意思的对话。大人问一个小男孩："今年几岁了？"他答："5岁。"于是，大人逗他："那你爸爸今年几岁？"他答："也是5岁。"大人问："这是为什么呀？"他说："因为他是在我出生那天才变成爸爸的啊！"然后作者分析道："乍一听，孩子童言无忌，但仔细想想，孩子的表达并没有错啊，他爸爸的确做父亲只有5年，自然和他同岁。从生命诞生的角度来看，孩子经由父母来到这个世界。但从另一个角度看，我们何尝不是因为孩子才成为父母呢？"这里包含着对父母这个角色的理解，但更重要的是传递了亲子关系中一个重要的理念：以孩子为本——跟孩子相处要有儿童视角，了解孩子的"规则"，用孩子的规则思考问题。这实际上点明了亲子关系的认知基础和处理关键。全书这样的点睛之笔随处可见，实际上传递的是家庭教育基本内容、基本方法背后的教育伦理和价值认知。家庭教育历来是人类教育范畴内的难题，不仅内容全面，而且有着与学校正规教育、社会多元教育不尽相同的很多特殊元素，如亲子冲突、亲密情感、渗透性、随意性、零散性等。特别是在当今中国，社会发展带来的家庭结构变迁，儿童自主要求的快速增长，市场经济、物质化的价值影响等都给父母角色带来了严峻的考验，探索家庭教育的规律，不仅关系一代孩子的精神建设、健康发展，而且关系整个社会传统的继承、文明的发展。盘点古今中外的教育家，有学术造诣的教育家大都出身于学术界，如哲学、社会学、法学等，同时也有一大批立足于实践的教育家在教育研究领域独树一帜，如苏霍姆林斯基。王建平博士具有学术和实践两方面的突出优势，相信能够逐渐形成独树一帜的完整的教育思想体系，成为具有影响力的家庭教育的大家。

王建平博士是一名家庭教育的积极践行者，是一名孜孜不倦的专家，同时还是一名独树一帜的慈善达人。媒体称赞她是"用脚丈量公益路，用心书写教育情"。她身上有着中国传统文化深厚的家国情怀，有着教育工作者的初心和使命，有着一个母亲对孩子的深情厚谊，有着现代人的宽广胸怀和不懈坚持，有着一名儿童工作者的乐观向上。这一切都凝聚在这本书中，需要我们认真阅读、认真思考、认真体会。

是为序。

中央团校（中国青年政治学院）教授

享受国务院特殊津贴专家

2022年3月

序二

"博士妈妈"的幸福家教路

人和人的相遇很奇妙，我和王建平博士的相识是从一通电话开始的！

2019年年初，湖南"两会"召开在即，全省的人大代表成为各路媒体追访的对象，在《今日女报》负责家庭教育版块的我，很幸运地约访到了教育界的人大代表王建平博士。

在采访前，我就了解到，她在家庭教育领域已经深耕了很多年。当时她正在厦门参加一个学术活动，我对她进行了电话采访。

王博士特别健谈，尤其聊到她在边远地区做公益讲座的经历，聊到她接触过的孩子们，能感受到她在这个领域倾注的热情和思考。"女性在家庭教育中的引领地位"是她频频提到的话题。

她说，在联合国教科文组织担任促进女童和妇女教育特使的彭丽媛多次强调，促进女童和妇女教育是项崇高的事业，值得更多人关注、支持并为之奋斗。

"今天的女童，就是将来的母亲。落实到家庭教育领域，我一直铭记一句格言：'推动摇篮的手就是推动世界的手。'每个杰出人物的背后，都站着一位伟大的母亲。现在大部分家庭教育实际上都是母亲在'唱主角',女性素质的提高对孩子的养育意义重大。"

她告诉我,将来她会特别关注乡村边远地区女童的教育状况,会继续通过公益讲座的形式,不断向家长传递家庭教育的重要性,呼唤陪伴的力量、榜样的力量、赏识教育的力量。

这次采访后,我和王博士成了微信好友,并成功邀请她成为我们家庭教育专栏的咨询专家。

她计划的公益项目启动后,她很快躬身入局、全心投入!

那时,在中国沃土之上,精准扶贫政策正遍地开花。王博士说,她想去中国边远地区看看,看看那里的孩子,特别是女童以及女童的家教。

2019年9月,她从北京出发,跋涉3 400多千米,克服了高原缺氧等困难,来到西藏山南地区,为藏区家长、老师们送教。

在这之后的许多个晚上,她都无法忘记写在藏族家长们脸上的期盼以及印在藏族孩子眼里的渴望。从西藏回来后,她在内心暗暗播下了一颗种子。

她决定干一件前所未有的事!

2020年9月,她正式自费启动了"家庭教育全国公益巡讲·走进56个民族"活动。她计划带领团队走进56个民族,为56个民族的家长们送上科学实用的家庭教育课。

听到她的这个壮举,我立马主动请缨参与这件非常有意义、有意思的事。在领导的支持和指导下,我们还在《今日女报》以及凤网全媒体独家策划推出了"走进56个民族家访日记"专栏,发布了她每到一地的所见所想。

截至2022年3月,她已带领团队相继走进了回族、仡佬族、侗族、苗族、瑶族、壮族、土家族、白族、朝鲜族、藏族、畲族、高山族等少数民族地区,走进学校、家庭,探访乡村女童,一些孩子的命运由此被改变。

张家界8岁土家族女孩小汤鑫就是这样一个幸运的孩子。

2021年3月,"走进56个民族"活动来到了张家界的土家族。王建平博士在小汤鑫家家访时,发现这个小女孩走路的姿势有些奇怪,两只脚高低不平。刚开始,她以为小姑娘患有天生的脚疾,后来在仔细询问下,孩子的爷爷才告诉她,孩子小时候被动物踢伤了,但因为家里条件不太好,他们一直不敢带孩子去医院诊治,一年年就拖成了这样,现在情况变得越发严重了。

王博士听说后,立刻关切起来,她觉得这是关系到孩子一辈子的大事。在与一起陪同来家访的老师、校长商议之后,她马上把小汤鑫的爸爸和爷爷奶奶召集起来,让孩子爸爸尽快带女儿去医院诊治,治疗费用学校和政府会根据精准扶贫户的相关政策想办法帮忙解决,她也会给予力所能及的帮助。

我作为记者,对此事进行了追踪报道。小汤鑫后来被确诊为"髋关节脱位",在她的持续关注和帮助下,治疗费用得到了落实,孩子被带到长沙进行了手术治疗,目前正在康复训练中。据医生介绍,所幸手术及时,小汤鑫完全康复的可能性很大。

后来在家访日记中,她这样写道:"博士妈妈会一直牵挂着你,等你脚治好了,我在北京等你。"

这一年多来,一路上发生的这样的故事还有很多很多:她在贵州大山里把珍爱的围巾留给仡佬族女孩,她在西藏高原上一边拿着氧气瓶一边激情演讲,她在高速路上日行几百千米只为奔赴山区,苗族孩子们追了她几百米只为送出她们的"心意"……

随着她行走的地方的增多,她接到的咨询案例越来越多。2021年3月,她在《今日女报》全媒体家教专栏上,已经回答了100多个育儿问题了。

对于这些育儿问题,跟许多专家不一样的是,王博士的答案不但典型、现实,更沾染着来自全国各地的泥土气息。

记得有个家长向她求助:12岁的儿子叛逆不服管教,怎么办?她就给这个焦虑的妈妈先讲述了她在西藏讲课家访时，遇到的一对藏族夫妇的故事。这对夫妻原本可以出去打工挣钱，但为了孩子，他们还是选择了留在老家。丈夫当保安，一家人就挤住在门卫室里。虽然条件简陋，但爱意浓浓。夫妻俩没什么文化，但把孩子每份优秀的成绩单视若珍宝，并用一个牛皮箱子珍藏起来。他们的儿子从小在爱的滋养和陪伴下长大，品学兼优，亲子关系非常融洽，什么事都愿意跟父母交流。她建议这位妈妈先从改善亲子关系入手，像这对藏族父母一样多陪伴和鼓励孩子，亲子关系和谐了，孩子才会愿意听父母的话。

这样的故事，在她的解答里俯拾皆是。

在越来越多的家长和老师们的建议和催促下，她把解答的100个典型家教问题结集成书，她希望这本书能成为家长们解决育儿难题的"工具书"。在这里，特别感谢清华大学出版社的策划编辑张尚国老师，他花费了一年多的时间为本书的出版做了大量工作，并对书稿内容进行了反复的研读和指导。

现在，王博士仍行走在"家庭教育全国公益巡讲·走进56个民族"的路上。

王博士说，这辈子她就做两件事，一是读书，一是教书。能够通过自己读过的书，拥有的知识，帮助一些需要帮助的人，对她来说就是一种幸福。

所以，这本书不仅是一本帮助爸妈们答疑解惑的育儿书，还包含了一个优秀女性的人生智慧，幸福密码……

章清清

《今日女报》首席记者、亲子家教版编辑

2022年3月

目录

第一章

亲子关系：关系大于教育，关系先于教育

1. 三代同住，育儿理念分歧大怎么办？ /6
2. 孩子为什么越打越不听话？ /8
3. 孩子爸爸"重女轻男"，对吗？ /10
4. 孩子要给手机设密码，我该支持吗？ /12
5. 应该允许孩子玩手机游戏吗？ /14
6. 儿子和妈妈不亲只和奶奶亲，怎么办？ /16
7. 10岁孩子太"自私"，怎么办？ /18
8. 孩子爱顶嘴，该怎么让他改正？ /20
9. 孩子在家不爱学习，装监控设备可行吗 /22
10. 孩子谎话连篇，怎么办？ /24
11. 孩子一调皮爸爸就打，我看不过又说不通，怎么办？ /26
12. 10岁男孩还爱撒娇，是不是有"恋母情结"？ /28
13. 我想让孩子认错，他却死倔到底，怎么办？ /30
14. 女儿对两岁的弟弟视若"仇人"，怎么办？ /32

15. "熊孩子"总惹事，怎么办？　/ 34

16. 父亲和母亲对孩子的影响有何不同？　/ 36

17. 家长如何把握惩戒的尺度　/ 38

18. 为孩子牺牲一切，真的是为孩子好吗？　/ 40

19. 如何更好地养育女孩？　/ 42

20. 职场父母如何平衡工作和带娃？　/ 44

第二章

学习问题：每个孩子都可以闪闪发光

1. 孩子没有进取心，不求上进怎么办？　/ 51

2. 寒假来了，如何防止孩子的成绩"假期滑坡"？　/ 53

3. 孩子很聪明，为何总是考不好？　/ 56

4. 11岁孩子不爱学习还逃学，怎么办？　/ 58

5. 期末考试后怎么跟孩子谈成绩？　/ 60

6. 儿子考试作弊，该如何引导？　/ 62

7. 孩子自控力太差怎么办？　/ 64

8. 天天陪孩子写作业，成绩却越来越差，为什么？　/ 66

9. 6岁孩子的幼小衔接怎么做？　/ 69

10. 孩子学什么都3分钟热度，怎么办？　/ 71

11. 家长该如何接受孩子的平庸？　/ 73

12. 用劳动惩罚厌学的孩子对吗？　/ 75

13. 孩子爱刷短视频，沉迷"低级快乐"怎么办？　/ 77

14. 天天上网课，家长和老师怎么配合效率才高？ / 79

15. 鼓励式教育和打击式教育，哪种更有效？ / 81

16. 你会支持孩子"不务正业"的爱好吗？ / 83

1. 孩子好像有"恋物癖"，需要干预吗？ / 89

2. 10 岁孩子怕黑，不敢一个人睡怎么办？ / 91

3. 6 岁孩子突然有洁癖怎么办？ / 93

4. 8 岁孩子突然啃指甲上瘾怎么办？ / 95

5. 孩子为什么输不起？ / 97

6. 女儿追求完美，对自己太苛刻，我该怎样引导她？ / 99

7. 儿子胆小懦弱，怎么办？ / 101

8. 孩子总说"对不起"，像"老好人"怎么办？ / 103

9. 12 岁儿子爱攀比怎么办？ / 106

10. 孩子爱打抱不平，是好事吗？ / 109

11. 孩子爱"打小报告"怎么办？ / 111

12. 孩子做错事总找借口怎么办？ / 114

13. 孩子爱炫耀是什么心理？ / 116

14. 孩子不敢上台表达怎么办？ / 118

15. 上进心强，处处争第一，是好事还是坏事？ / 120

16. 儿子势利眼，看不起家里的阿姨怎么办？ / 122

第三章

心世界：读懂孩子的心很重要

17. 女儿因被同学嘲笑"香肠嘴"躲着不愿见人怎么办？ / 124

18. "胖女孩"如何重拾自信？ / 126

19. 好好的孩子，为什么不想活了？ / 128

20. 孩子很懂事好不好？ / 130

21. 10岁女儿热衷看爱情片，担心她早熟，怎么办？ / 132

第四章

摆脱教育盲区：如何正确和孩子谈性教育和生命教育

1. 小男孩喜欢粉色且爱和女孩玩，正常吗？ / 139

2. 5岁男孩模仿父母的亲昵行为，怎么办？ / 141

3. 带孩子随意进入公共私密空间好吗？ / 143

4. 我该怎么跟5岁儿子谈"死亡"？ / 145

5. 7岁孩子经常用死来威胁大人，怎么办？ / 147

6. 奶奶病危，要不要告诉孩子呢？ / 149

7. 担心11岁女儿早恋，该怎么做？ / 151

第五章

帮孩子提高社交能力：交际能力的核心是说话能力

1. 孩子在学校老打架怎么办？ / 158

2. 孩子不合群，总沉浸在自己的世界里怎么办？ / 160

3. 高个儿子被女同学掐哭也不敢吭声，是不是太怂？ / 163

4. 新学期，孩子遇到了一个"坏同桌"怎么办？ / 166

5. 儿子被冤枉后又被同学孤立该怎么办？ / 168

6. 孩子在学校遭遇语言暴力怎么办？ / 170

7. 儿子和"坏小孩"交朋友怎么办？ / 172

8. 女儿的玩伴太强势，我该介入吗？ / 174

9. 孩子要给同学送贵重礼物，该支持吗？ / 176

10. 孩子被同学取绰号，怎么办？ / 178

11. 贵重的物品被同学弄坏了，该索赔吗？ / 180

12. 女儿总偷拿同学东西，该怎么让她改正？ / 182

13. 女儿被老师冤枉，挨了批评后要转学，怎么办？ / 184

14. 儿子总羡慕同学家有钱，我该为他换班吗？ / 186

15. 儿子竞选班干部失败，我该怎么安慰他？ / 188

第六章

情绪和行为习惯：先解决情绪，再解决事情

1. 孩子闹情绪离家出走，找回来后该怎么教育？ / 195

2. 6岁女儿嫉妒心强，见不得别人好怎么办？ / 197

3. 8岁男孩遇事就哭怎么办？ / 199

4. 孩子动不动就大吼大叫怎么办？ / 201

5. 7岁孩子情绪负面、爱抱怨怎么办？ / 203

6. 5岁儿子无意中看了部恐怖片怎么办？ / 205

7. 孩子提不合理要求，不满足就伤害自己，怎么办？ / 207

8. 孩子磨蹭让我"河东狮吼"，该催促还是该让她慢慢来？ / 209

9. 10岁女儿丢三落四，难道是基因"作怪"？ / 211

10. 6岁女儿过分讲"规矩"，是"病"吗？ / 213

11. 5岁女儿在家里是乖乖女，出门是"小老虎"，怎么办？　/215

12. 一年级孩子偷家里钱，屡教不改怎么办？　/217

13. 四年级孩子每周要50元零花钱，合适吗？　/219

14. 二年级孩子帮同学抄作业赚酬劳，正常吗？　/222

15. 儿子收到压岁钱，能由他自主支配吗？　/224

16. 家庭经济下滑，该不该让孩子知道？　/226

17. 13岁女孩每天涂脂抹粉爱打扮合适吗？　/228

第七章

单亲家庭：请保持你的从容不迫

1. 我们离婚了，该怎么告诉孩子？　/234

2. 我离婚后，6岁的儿子变得很胆小，怎么办？　/237

3. 如何让女儿接受她的"二爸"？　/240

4. 打架、文身、成绩差，单亲妈妈该如何拯救叛逆儿子？　/242

第一章
亲子关系：关系大于教育，关系先于教育

当今的中国父母，真的很焦虑。传统的育儿观念、亲子关系受到前所未有的挑战。一说到教育孩子，爸爸妈妈能够罗列出一堆孩子的问题：不喜欢学习、不爱阅读、到处惹麻烦、叛逆不服管教……为什么孩子越大，离我们心目中那个"完美的小孩"越远呢？

归根结底是亲子关系出现了问题。教育的前提是亲子关系，亲子关系不好，任何教育方式都没办法发挥效用。孩子在儿童时期感受到的亲子关系对他的性格、与人交往的模式、表达爱和感受爱的能力的养成，都起到了决定性的作用。

我曾经听过一段特别有意思的对话。

大人问一个小男孩："今年几岁了？"他答："5岁。"
于是，大人逗他："那你爸爸今年几岁？"
他答："也是5岁。"
大人问："这是为什么呀？"
他说："因为他是我出生那天才变成爸爸的啊！"

乍一听，这孩子童言无忌。

但仔细想想，孩子的表达并没有错啊，他爸爸的确做父亲只有5年，自然和他同岁。

这个故事其实是在提醒我们，从生命诞生的角度来看，孩子经由父母才来到这个世界。但从另一个角度看，我们何尝不是因为孩子才成为父母呢？父母，不是因为生了孩子就成了父母，而是在真正懂得了如何成为父母之后才成为父母。

让我们把时钟回拨，穿越到孩子诞生的那一刻，重温一下那一刻的温情和喜悦。那时，我们对孩子的期待是那么简单，无非就是健康、平安、快乐。

可随着孩子一天天长大，不知不觉中，我们嘴里多了一个"别人家的孩子"，多了一条起跑线，我们开始忙着看别人教育自己的孩子，或教育自己的孩子给别人看。于是，期待越来越多，苛责和失望也越来越多，爱变成了控制。

有个因为早恋而被父母带来见我的女孩对我说，她感觉谈恋爱没有错，她男朋友特别了解她，一个眼神就知道她想要什么，而爸爸妈妈就好像跟她生活在不同的世界里。妈妈对她说的最多的话是："爸爸妈妈每天辛苦工作都是为了你，为了你上最好的学校，得到最好的教育，你学习还不努力，对得起我们吗？"每次听到妈妈说这样的话，她就特别烦，不想回家，不想学习。

她还说，除了学习上的话题能引起他们的关注外，其他方面她感觉不到他们的爱和关心。她和父母两个星期见一次面，但见面后父母第一句话就问："你的学习成绩怎么样？"

我至今还记得那个女孩跟我说这番话时她脸上的愤愤不平和失落的神情。

有这样的亲子关系，孩子怎么会不早恋、叛逆，以致成为父母眼中的"坏小孩"呢？

很多家长总是用自己的方式对孩子好，却从来没有想过，你所谓的好，对孩子真的好吗？孩子能感觉到你的爱吗？

许多不幸就从这里开始。

在一档亲子类综艺节目中，一名初中女孩讲述了妈妈对她日常生活的过度安排。她说自己的生活被妈妈进行了表格式的安排，精细到几点吃饭、睡觉、学习。除此之外，生活的方方面面都按照标准的模板进行。她对妈妈发出请求："能不能不再对我做这么细致的规划了？"然而妈妈坚定地认为:"这都是一个妈妈应该做的,因为我早出生、早经历,所以我才会把我们所经历的提前告诉你。妈妈说的话,即使不是百分百正确,肯定也有百分之六七十是正确的。"听着妈妈的话,孩子难掩满脸的失落和无奈。

以爱的名义包办一切,孩子就失去了成长的内在动力和负责任的能力;家长以爱的名义侵入了孩子的空间。

在《妈妈的悔过书》里有一个观点:要判断你是几等的父母,就看孩子突然看见你时的第一反应。如果孩子惊喜地向你走来,那你就是一等父母;如果孩子没有跑过来,但仍然微笑着打招呼,你就属于二等父母;如果孩子认出是你,却不情愿打招呼,你就属于三等父母;如果孩子假装没看见你,改走别的路,你就属于四等父母。

这个小测试,其实测试的就是亲子关系。当孩子对你视若无睹甚至只想远离时,你努力习得的教养方式都会失去意义。

每个孩子都是独立的个体,当你把他真正当作一个独立的人来看时,当你真正学会尊重孩子时,当你不要求他变成你想要他变成的样子时,你会发现孩子并没有你所认为的那么叛逆,你会发现教育孩子并没有那么痛苦,你会发现孩子是上天赐予你的最好的礼物。

黎巴嫩诗人纪伯伦在《孩子》一诗中写道:

你的儿女,其实不是你的儿女。
他是生命对于自身渴望而诞生的孩子。
他们借助你来到这世界,却非因你而来,
……
你可以给予他们你的爱,却不是你的思想,
因为他们有自己的思想。

第一章　亲子关系：关系大于教育，关系先于教育

你可以庇护他们的身体，却不是他们的灵魂，
因为他们的灵魂属于明天，属于你做梦也无法到达的明天。
……
你是弓，儿女是从你那里射出的箭。
……
怀着快乐的心情，在弓箭手的手中弯曲吧，
因为他爱一路飞翔的箭，也爱无比稳定的弓。

爱的最终目标，不是成为孩子生活的中心，而是从孩子生命的重心中逐渐抽离出来，让孩子去走自己的路。这样的爱不仅能够促进孩子的心灵成长，还能促进父母的心灵成长。

心理学家温尼科特说："每一个孩子都是父母天然的心理治疗师。"是孩子的到来，给了我们一个重新学会爱的机会。

当你想明白这一点，就很清楚应该怎么做了，只有努力地营造安全、包容、温暖的亲子关系，我们才能一直拥有和孩子沟通以及引领他们的可能性。唯有如此，孩子才会把父母当作他永远可以依赖、信任的人。

1. 三代同住，育儿理念分歧大怎么办？

【情景案例】

最近，因为育儿理念的不同，我跟公婆频频发生冲突，已到了水火不容的程度了。事情是这样的，我们家君君2岁。自从孩子出生，家里的电视机从没开过，我一直坚持孩子3岁前尽量不看电视的理念。但孩子爷爷奶奶来了以后，经常趁我不在家的时候给孩子看电视。前几天，我回家早，刚好撞了个"现行"，一时气急就跟他们发生了争执。

其实，我也知道长辈带孩子有他们的方法，有些我也不反对，但是看电视实在对孩子身心健康不利。每次提出来，他们总是表面上同意，过后还是我行我素。现在，我既要忙工作，又要哄老人，真是身心俱疲，该怎么解决呢？

博士妈妈的话：抓大放小，隔代育儿分歧更要沟通有道。

两代人成长环境不同，教育经历也不一样，在育儿上出现矛盾和分歧是不可避免的。其实让老人帮忙带孩子，对老人来说也不容易，他们付出时间和心力，还要面临心理和身体的挑战。所以，面对育儿矛盾，年轻的父母要能换位思考，多从体谅老人的角度出发，用平等的姿态和老人交流，不要觉得你多看了一些育儿书，就摆出一副"育儿专家"的姿态，高高在上地指责老人这儿有错、那儿有错，要学会接纳老人育儿上的"不科学"之处，在接纳的基础上再去交流，老人能接受我们的观点当然非常好，老人不接受那也很自然，不要强求。

有了良好的心态后，我们还需要注意沟通的智慧。老人比较容易相信熟人或者来自他们同龄人的心得，我们和老人沟通时，可以多用老人熟知的身边人举例，比如，李奶奶家的孩子从来不吃零食，结果孩子饭吃得好，长得也好……这样的例子老人会更容易接受一些。

沟通一定要在私底下进行，不要在孩子面前突出你们的分歧，即使对方是错的，也不要在孩子面前指出，要在事前或事后进行沟通。同样，如果家人在孩子面前否定你，你也不要在孩子面前与家人发生争执，可以等双方平静的时候坐下来沟通，不要意气用事。

请老人帮忙带孩子时，我建议提前明确分工，比如，白天让老人带，晚上自己带。在具体事务上学会抓大放小，比如培养孩子良好的习惯、完成学习任务、孩子上什么兴趣班等，这些事最好由家长亲力亲为。而孩子今天吃什么、穿什么样的衣服，这些生活小事可以放手让老人去管。出现问题，大家一起讨论，具体解释为什么要这么做，尽量让家人在原则问题上达成共识。即便一时达不成共识，也不要急于去说服老人，可以一步步慢慢来，或者结合实际情况再看看：是不是不用那么较真？这样自然能避免不少争端。

另外，家长最好放下育儿焦虑。孩子不是一天长大的，只要你能明确你是养育孩子的第一责任人，在工作之余尽可能多地陪伴孩子成长，即便你觉得孩子在某些方面养成了一些不好的习惯，你的力量还是足以改变和影响孩子的。孩子会优先认同母亲。三代人互动的家庭能够完成完整的家庭教育。面对养育中的观念矛盾，一家人相互理解，都多一些付出，少一些苛求，矛盾自然就会少很多。

2. 孩子为什么越打越不听话？

【情景案例】

自从我儿子俊杰上小学之后，我发现他越来越不听话了，而且怎么都整治不了。以前，他不听话的时候，我拿着棍子吓唬吓唬，或者打打手板，还能震慑他一下。但现在，他可以跟我对着干了，甚至还会把棍子从我手中抢走。上周末，他做作业既不认真又磨蹭，我说了好几遍都不听，一气之下就抽出棍子狠狠地打了他几下。打过之后，我以为他会乖一点，等我回头去看时，发现他不仅没做作业，还在作业本上乱画一气，故意气我。其实我也觉得打骂孩子是不对的，可是我一次次地警告，孩子总当耳边风，打骂也起不到任何作用，真不知道该怎么办了。

 博士妈妈的话：打孩子是教育不好孩子的。

中国有句老话叫"棍棒底下出孝子"，认为孩子都是打出来的，不打不成才。但随着育儿理念的完善，这种观念也被很多人诟病。

很多家长发现打孩子并不能让孩子真正地听话，反而会越打越叛逆，有的孩子被打后甚至故意和父母对着干。可是，不打难道惯着他吗？其实，打孩子和纵容娇惯孩子是两个极端，中间有很多方式可以选择。教育孩子从来不是二选一。

在打孩子之前，父母要考虑孩子不听话的原因，想一想是不是因为自己的纵容让孩子变得不听话。

比如孩子在看电视，你告诉孩子："别看电视了，赶紧去写作业！"孩子没有离开的意思，或者说"再看一会儿"，你心一软就允许他再看一会儿，但是并没有设定时间限制。过了一会儿，孩子还是在看电视，你还是会重复上述做法而没有采取行动，这等于在告诉孩子，你默许他继续看电视。

如果总是这样的状态，孩子也会养成一种习惯，越是好好和他说话，他越是不听。他知道你的底线，不触碰你的底线就会安然无恙，触碰你的底线时再行动也不迟。慢慢地就形成了这种局面——当你发火或者打他的时候，他才会听。

还有的父母喜欢唠叨，看到孩子做学习之外的事就焦虑，不断催促孩子去学习。久而久之，孩子会对这种唠叨产生一种"听力免疫"，你说什么他都听不进去。很多观念、习惯都是长期形成的，好习惯需要长期培养，坏毛病也不可能一天改正。

了解了孩子不听话的原因后，该谈谈怎么针对这些原因解决孩子不听话的问题。在学习方面，我们要多肯定孩子的进步，激发他学习的动力，不否定孩子，通过和孩子的良性互动，让孩子愿意听我们说话。

当我们要求孩子去做事的时候，要用行动而不是用语言。比如上面提到的孩子因为看电视不去写作业的问题，提醒一次后，孩子如果不听，你就可以直接走过去用遥控器把电视关掉，这比说一箩筐的话都管用。当你每次说到做到时，孩子就会体会到你的话的分量，而不会去触碰你的底线。

可能有的家长会忌惮孩子的哭闹反抗。那么，可以参考我常常说的"温柔的坚持"，态度温和，但原则不放松，他发现哭闹无用，自然就会平静下来。

孩子作为独立的个体，父母可以惩罚、批评他，但并不意味着可以不尊重孩子。我们可以找到足够多的办法让孩子更好地接受道理，改正错误，而不是一味地简单粗暴的打骂。

3. 孩子爸爸"重女轻男",对吗?

【情景案例】

都说"重男轻女"不好,但我们家是反的,孩子爸爸是个"女儿奴"。对5岁的小女儿亲昵无比,对7岁的大儿子严厉有余、慈爱不足。

比如,两个孩子相互打闹,如果是女儿打了儿子,儿子哭了,孩子爸爸觉得男孩皮糙肉厚,没什么大不了,稍微训斥一下了事;但如果是儿子打女儿,女儿哭了,那他就心疼得不得了,不仅要狠狠地训斥儿子,还会打儿子手心以示惩戒。儿子经常哭哭啼啼地向我告状,说爸爸不爱他,只爱妹妹。我跟孩子爸爸也探讨过这件事,他却说对男孩子的教育方式和女孩子的不一样,不能太软,要严厉一点,不然男孩子长大没有阳刚之气。但我并不认同孩子爸爸的观点,可又没办法说服他,我该怎么办呢?

博士妈妈的话:男孩和女孩都需要爱,不应该区别对待。

随着时代的发展和思想的解放,过去"重男轻女"的老观念的确对现代年轻人的影响越来越小。"儿子女儿一个样"是年轻一代父母普遍的认知,而且因为女儿更加贴心,所以有时父母会更加偏心自己的"小棉袄",奉行"富养女、穷养儿"的做法,希望通过这样的教养方式让男孩子从小学会坚强独立,以便将来能够扛得起一片天。

可这种区别教育的结果会让男孩子因为缺少了与父亲的情感交流,对父亲的感情变得冷漠,甚至害怕父亲。父亲希望用严厉、挫折来磨炼男孩子的英气，但实际上这并不能让孩子更像男子汉，只会让孩子觉得父亲不爱自己，正如这位妈妈倾诉的那样。换一个角度，一个男孩子被无微不至地关爱就真的不会有"骨气"吗？显然并不会，甚至在细腻的关爱中长大的男孩子，不仅有男孩子的勇气，还会有对情感的敏锐察觉力，将来走上社会也会温和待人，并被别人温柔以待。

有心理研究证明，"女孩子更贴心""男孩子更顽皮"这些观点都来自人们的刻板印象，事实上，男孩子可以更细腻，女孩子也可以更有攻击性。女孩子能感受到的细腻情感，男孩子同样能感受到，而家长想让男孩子具有的坚强独立，女孩也同样可以有。

因此，我们实在没有必要区别对待男孩和女孩，这对孩子的成长有百害而无一利。

把女儿当公主养，父母过度的溺爱会让孩子变得蛮横无理，缺乏素养，甚至染上"公主病"。总强调男孩应该让着女孩，容易让男孩产生愤怒的情绪。所以，过分偏心哪一边都有可能导致两个孩子产生各种各样的矛盾，明明应该是互相帮助的兄弟姐妹，最后却整天处于争吵之中，这样的家庭又如何让孩子感觉到幸福呢？

而且，现在社会更强调"独立女性"，女孩子只有独立自主，未来才能更幸福。男孩子懂得爱，他将来才会爱人，这样才能提升他在未来生活中的幸福感。

所以，对儿子和女儿，都要给予同样的爱，这样才能培养出更阳光的孩子。

4. 孩子要给手机设密码，我该支持吗？

【情景案例】

女儿蕾蕾今年12岁。因为她网上作业打卡比较多，11岁时我们就给她配了手机。之前，她的手机是没有密码的，我们随时可以查看。从去年开始，她就给手机设了密码，还不肯告诉我们。

我和她爸爸都觉得孩子还小，手机设置密码会不方便我们监督她使用手机。为此心平气和地找她聊过几次，也为这事争吵过，甚至没收过她的手机，但她还是坚持"隐私宣言"，还说每个人都有隐私，她不想自己的手机被人看，包括父母。在这件事情上，我们做父母的到底怎么做才好呢？

 博士妈妈的话：不要做"私家侦探"，用沟通代替偷窥。

家长总是想尽办法想知道孩子在想什么，因为怕孩子做错事，怕孩子有一些奇怪的想法，怕孩子因交到不好的朋友而受影响。不可否认，家长的出发点都是好的，但是这样的行为真的好吗？孩子的隐私就不需要被保护吗？

作为家长，首先要明白孩子是独立的个体，他们有权做自己喜欢的事情，也有情感和秘密，更有尊严和人格。不论是孩子向你吐露秘密，还是你不经意间得知秘密，都请一定保守好，这是"隐私教育"的第一步。爸爸妈妈不要辜负孩子的信任。我们只有尊重并保护孩子的隐私，孩子才会在得到尊重的同时学会怎样尊重他人。

第一章 亲子关系：关系大于教育，关系先于教育

在心理学中有一种概念叫"自我界限"，其实说的就是人与人之间感觉到安全的距离，也就是所谓的心理围墙。

这种心理围墙对于每个人来说都非常重要，如果没有这道心理围墙，这个人会缺乏安全感，并对周围的人表示不信任。对孩子来说也是如此。

成长中的孩子在围墙之内会拥有安全感，如果父母不断地越过孩子的心理边界，对孩子进行监督，孩子长大以后就很容易失去安全感、信任心，并且容易和父母对着干。

所以，生活中父母要多关心、理解孩子，和孩子建立彼此间的信任，承诺孩子的事情要做到，不做私家侦探窥探他们的隐私。孩子只有相信你是值得信赖的，才会把秘密分享给你。

当然，现在是网络时代，孩子获取信息的渠道多样，接触的世界过于丰富，这里面难免会掺杂一些不健康的信息。尽管孩子自主意识增强了，但思想尚未成熟，是非观念不强，这也是家长对孩子有"秘密"感到焦虑的原因。

这就需要家长在日常生活中多留心观察孩子的言行、思想动态，及时掌握孩子"隐秘世界"的蛛丝马迹，帮助孩子甄别一些不利成长的因素。同时，家长要根据孩子的性格、爱好和特征，有针对性地培养孩子明辨是非的能力，帮助孩子树立正确的价值观。总而言之，应当用沟通代替偷窥，用尊重和平等的态度和孩子沟通，这样才能促进亲子关系的健康发展。

5. 应该允许孩子玩手机游戏吗？

【情景案例】

我儿子上小学三年级，兴趣爱好挺多，但最喜欢玩的还是手机游戏。《我的世界》《和平精英》《第五人格》都是他的最爱。其实，对孩子玩手机游戏，我们并不是完全禁止，在规定的时间内，他可以适当玩一玩。

但我发现孩子玩手机没有自控力，每天都心心念念玩游戏的时间快点到来。一旦手机拿到手上就放不下来，非要被我们强行收走才肯罢休。手机游戏对孩子吸引力这么大，让我们很矛盾，究竟该不该继续让他玩？孩子玩游戏会上瘾吗？

📢 博士妈妈的话：帮孩子在生活中找到价值感和乐趣。

我觉得家长要用接纳的心态去看待孩子对网络游戏的喜爱。"00后"是网络时代的原住民，网络已经完全进入他们的生活，不管家长是否接纳，孩子对游戏的喜爱就在那里，家长的接纳是和孩子建立平等和谐亲子关系的基础。而且，手机游戏也并非洪水猛兽，它是一把双刃剑。从有利的方面看，游戏可以锻炼孩子的手眼协调能力，增长他的见识，游戏的团队合作也有助于提高孩子的社交能力。

当然，如果发现孩子沉迷手机游戏，家长要及时进行干预，但并不意味着可以粗暴地对孩子"一刀切"，而是要寻找孩子沉迷游戏的原因，再对症下药。

为什么有很多孩子沉迷游戏？那是因为游戏能带给孩子价值感和乐趣。但是，他们在生活中、在学习中却找不到这种感觉。

甚至，有的孩子在心理上还积压了很多压力和挫折感，所以，游戏就成了他们逃避生活、逃避自我的最佳选择。我们想把孩子从游戏中拉回来，就必须让孩子在生活中、学习中体验到成就感，找到自信和乐趣。

比如我们可以丰富孩子的业余生活，多带孩子进行户外活动，培养孩子一两项兴趣爱好，通过参加竞技比赛，让孩子得到荣誉和获得成就；在学习上，多关心孩子，让孩子以更乐于接受的方式获取知识；对孩子取得的任何进步都积极回应并真诚地给予赞美和鼓励。

同时，我们也要学会跟孩子谈心。谈心不是简单讲道理，而是让孩子有机会把自己心里的不愉快说出来并释放掉。孩子心里的压力、挫败感和负面情绪减少了，也就不会对游戏上瘾了。所以，沉迷手机只是一种表象，而不是本质。如果本质的问题没解决，即便没有手机，他可能也会沉迷其他东西。

此外，家长一定要时刻对孩子玩什么保持关注。这有助于帮孩子甄别网络上的不良信息，同时，也要和孩子协商，制定出玩游戏的规则，这也是培养孩子自律的一种方式。

在这个过程中，孩子的自律不是一两天就可以培养起来的，家长一定要有耐心，当好执行者。其实，很多时候并不是孩子不能坚守规则，而是我们没有执行好规则，所以，家长一定要非常温和而坚定地坚持，到点就要把手机收走，违反了规则，就必须接受惩罚。惩罚期间，无论孩子怎么哀求、怎么哭闹、使出什么样的绝招，我们都不能妥协。

一旦你坚守了这个规则，孩子以后就知道要按规则办事；如果你妥协了，孩子以后就会耍赖，他玩游戏就不会有自控力。孩子只要建立起了规则感，就既能享受游戏的快乐，又能理智地控制自己了。

6. 儿子和妈妈不亲只和奶奶亲，怎么办？

【情景案例】

我儿子3岁，平时主要由奶奶负责照顾，但周末的时候，我们夫妻俩会带孩子一起出去玩。我以为这样的陪伴已经给足了儿子母爱，没想到儿子就是喜欢奶奶。奶奶对他比较溺爱，饭来张口、衣来伸手，孩子要什么玩具她都买。

我不溺爱他，给他立规矩，引导他自己穿衣、吃饭，培养他的独立意识。儿子跟我在一起的时候还好，但只要一见到奶奶，就立刻钻到奶奶怀里。晚上不肯和我睡，也不要我哄，哭着一直要找奶奶，那一刻我真是非常伤心，请问这是怎么回事呢？

博士妈妈的话：孩子在3岁以内，最重要的是给孩子稳定的依恋关系。

妈妈的感受我能理解。在孩子的婴儿时期，妈妈和孩子之间会存在一种亲密情感，不管是谁妨碍了这种依恋，妈妈都会产生不快。不过，妈妈也要放轻松，父母永远是孩子最亲的人，不要因此和奶奶产生情绪上的抵触，那只会得不偿失。

爷爷奶奶帮忙带孩子实际上也很辛苦，妈妈跟奶奶处理好婆媳关系，奶奶也会愿意在孩子面前多提到妈妈，无形中也会增加孩子对妈妈的好感，这只有好处没有坏处。

对孩子来说，3岁以内和抚养人建立一种安全稳定的依恋关系，对他成年以后情绪和性格的健康发展都有很大影响。所以，我们建议，孩子3岁以内最好由妈妈亲自抚养，如果妈妈确实因为工作等各方面的原因不能亲自抚养，那就要尽最大的努力帮助孩子和主要的抚养人形成长期稳定安全的依恋关系。等孩子3岁以后，他自然能分辨出妈妈和其他抚养人的区别，并且会认定父母是最爱自己的亲人，所以，妈妈不用担心孩子不爱你。

  为了更好地促进母子关系，妈妈和孩子如何互动？对于年幼的孩子来说，再热烈的情感表达也是不过分的。所以，妈妈要善于表达，也要及时表达对孩子的爱。上班前下班后，妈妈可以和孩子多进行一些互动，如果时间比较短，就采取简单的方法，比如与孩子肢体接触、和孩子一起做鬼脸、叫孩子起床、给孩子穿衣服等。如果孩子偶尔犯了什么小错误，纠正以后你也要跟孩子说："你永远都是妈妈最喜欢的人。"不断地给孩子心理暗示，让孩子知道妈妈是这个世界上最爱他的人。

  此外，有些孩子因为老人的宠溺会养成一些不良的行为习惯，如果妈妈特别强势地或者企图在特别短的时间内矫正，孩子会有很大的抵触情绪，从而对妈妈产生距离感和恐惧感。所以，父母要有耐心，循序渐进地进行引导，不要急于求成，更不要抱怨孩子被奶奶养"坏"了。要知道，孩子从小跟奶奶长大，感情很深，贬低奶奶，孩子感情上会抵触，并且会逆反。只要付出了时间和爱，自然也会得到孩子爱的回报。

7. 10岁孩子太"自私",怎么办?

【情景案例】

我女儿今年10岁,我觉得有时候她很自私。比如她喜欢吃橙子,只要家里有橙子,就全部都是她的,别人一个也不能吃,连妈妈都不能分享。平时,偶尔让她帮我们干点家务,她也不愿意,如果非要她做,总是要先谈条件。

老师告诉我们,她在学校也很自私,自己的事情可以做得很出色,但别人的事她漠不关心。老师想让她做班干部,她推辞,还说当班干部要为同学做很多事,她可不想那么累。这么大的孩子对父母和他人都如此自私,是本性如此呢,还是我们没有引导好呢?

博士妈妈的话:接受孩子的"自私",正确引导。

占有欲和控制欲是人生来就有的。自私是孩子的天性,尤其在孩子两三岁开始表现出自我意识时,占有欲会很强烈,觉得什么都是自己的,别人不能动,也不是很理解分享的概念。

孩子的这种"自私",是他们成长过程中很正常的一种现象,父母千万不要强制孩子去分享,但做好正确的引导非常关键。如果对孩子的引导缺位,孩子长大后就会有自私自利、只顾自己不顾他人等不良行为。

而教育孩子克服自私,就要从"让孩子分享食物、分享玩具"开始。家长可以利用家庭生活细节,在孩子小的时候就做好分享的表率。例

第一章　亲子关系：关系大于教育，关系先于教育

如"分橘子"游戏："先给爷爷奶奶，再给爸爸妈妈，最后给宝宝，每人一个！"从自己做起，你坚持"唱和做"，孩子就能不断地通过听大人"说分享"和看大人"做分享"来模仿学习，然后开始自己尝试分享。

当孩子有分享行为时，家长要及时对孩子进行表扬和鼓励，让孩子从分享行为中得到快乐，这样孩子就会在鼓励、表扬、奖励中，继续与人分享，并逐步成为他的内心需要和道德标准。

现在很多家庭只有一个孩子，所有大人都围着孩子转，不管孩子提什么要求，大人都会想方设法满足他，长此以往就不要抱怨孩子不懂得心疼父母、心里只有自己了，因为孩子不知道你也需要他的照顾，他没有觉察出你也需要爱，他觉得有求必应、以自我为中心才是理所当然的。

所以，爸爸妈妈可以让孩子多做一些力所能及的家务活，让孩子承担一定的责任，这样孩子以后才会更加有责任心，更有担当。孩子提出要求的时候也不要都满足他，打个折扣，让他知道不能无休止地提要求。

空闲的时候，家长可以带孩子多参加一些集体活动，让孩子多和其他孩子接触，在社交中学会团结合作、分享。

不过在教育孩子分享的时候，父母要注意不要企图让孩子一下子懂得分享，要先理解和接纳孩子的发展和需求，这样才能在接受孩子"自私"的基础上，慢慢教会孩子跟别人分享。

8. 孩子爱顶嘴，该怎么让他改正？

【情景案例】

　　我儿子8岁，只要一管教他就顶嘴，我说一句话，他能顶回十句，活脱脱一个"小杠精"。比如，让他吃饭时不能看iPad、不能看电视，他会顶嘴说："为什么爷爷可以看，我却不能？"让他收拾一下碗筷。他居然对我说："你没有手吗？"

　　骂也骂了，打也打了，道理也说了，就是不改正，并且固执得很，他觉得是什么就是什么，别人说什么都不听，还喜欢无理取闹，真让人头疼。

博士妈妈的话：顶嘴不全是坏事，反抗也不一定是坏毛病。

　　孩子有顶嘴的表现，不见得全是坏事，反抗也不一定是坏毛病，这是孩子逐步走向独立的标志。小学二三年级的孩子大部分已经有了强烈的独立意识，家长讲什么，他们能很快地进行反应，还能指出父母没有做到，反而要求自己做到的地方，至少说明他有自己的想法了。

　　而且孩子在和父母争辩、顶嘴的时候，他需要学会观察、选择词汇组织语言，同时还要尽可能表达出自己的意思来挑战你、说服你，这个过程对于语言能力的提升和思维的发展是有促进作用的。这样的孩子其实也是很聪明的，有时候家长可以允许孩子在一定范围内顶嘴，表达自己的观点。

　　当然，如果孩子习惯性地无理顶嘴、以自我为中心，父母要反思自己平时是否过于溺爱和纵容孩子。如果孩子采用顶撞、专横的对抗方式要求父母满足自己的要求，父母就需要改变一下惯有的教养方式了。

首先，孩子顶嘴的理由是多种多样的，我们粗暴地打压和怒吼，其实就等于阻断了孩子的情绪宣泄。而且不讲方式、不分场合地批评孩子，容易造成孩子破罐子破摔的心理。所以，家长不妨多给孩子一些耐心，听听孩子的想法，鼓励孩子把话说完，让孩子感受到来自爸爸妈妈的重视和尊重，这样孩子就更容易跟父母达成共识。

此外，长辈要注重言传身教：孩子的模仿能力很强，对于孩子的行为不要一味地责备，要学会自我反省。孩子反驳："爷爷可以边吃饭边看电视，为什么我不行呢？"长辈怎样做，孩子可能会效仿。家长也要反思，很多事情是不是自己都做不到，但就是要求孩子做；或者永远一副高高在上的样子，永远用命令的口吻对孩子说话。我们和孩子沟通的时候，也要学会自我批评，自我对照。

最后，要注意营造良好的家庭氛围。在家里也要发扬民主，让孩子体会到家庭的温暖，父母是他随时可以依靠的人，这样当孩子慢慢长大、越来越懂事的时候，他也会越来越尊重父母。

总而言之，当孩子有自己的看法和想法时，爸爸妈妈就应该换一种方式去对待他了。家长不要包办孩子的一切，而是应采取商量的方式，多了解孩子的想法。非原则性的问题，可以跟孩子好好商量；但原则性的问题，父母要有一个坚定的态度，让孩子知道，胡闹要承担后果，顶嘴耍赖是没有用的。

9. 孩子在家不爱学习，装监控设备可行吗？

【情景案例】

我家孩子8岁，不喜欢做作业，喜欢看电视。暑假期间，因为担心他从早到晚看电视，就买了监控设备，远程监督他。一开始，孩子有些不乐意，说不想被监控，我就尊重他。但是后来发现不行，只要我们不在家，他就没完没了地看电视，我只好又用上了监控设备。没想到，他发现我们监控他后，居然拔掉了监控设备的电源插头。

我们跟他沟通，想看电视可以但得有时间限制，不准拔监控设备的电源插头。他答应得好好的，但等我一上班，发现他又把监控设备的电源插头拔掉了。我很失望，对孩子已经失去了信任。

博士妈妈的话：有效陪伴和情感付出比监控更重要。

从孩子心理成长的角度来说，用监控的方法督促孩子写作业，我个人认为不值得提倡。年纪小的、不懂得监控是什么的孩子也许稍微好点；年龄大的，尤其是进入青春期的孩子，对自我的空间要求会不断提高，此时再以关心或监督学习的名义不顾孩子的意见对他进行监控，不利于家长和孩子之间关系的培养。父母的这种监控行为，表面是为了孩子好，实则是对孩子极度不信任，最终会破坏亲子关系。

除此之外，长期监控还会让孩子逐渐失去自制能力。一直有人监督着，孩子习以为常后形成依赖心理，自主学习能力就变弱了。而且这些外在手段管得了一时，管不了一世。孩子自律需要有内驱力，没有内驱力的孩子一旦逃离了父母的控制，可能会变本加厉或自暴自弃，所以不建议这样做。

那么，孩子不自律到底该怎么办呢？我的建议是要多进行沟通，比如孩子想看电视是可以的，但是要规定好时间，并且事先和孩子说好，哪个时间段可以看，可以看多久，时间一到就不能看了，该去做应该做的事情了。

当然，孩子可能会耍赖，想多看一会儿，这时候也不用责备他们，玩也是他们的天性，直接跟他们说好，违反规则可以，但是要付出一点代价，接受一点惩罚，比如说减少下一次玩耍的时间，这样他们就会意识到自律这件事情，并且为了以后不受惩罚而慢慢地培养起自己的自律意识。

自律的另一种表现就是克制。孩子想要什么，马上就去满足，一直去满足他，他就不会感受到克制这件事情。当然他的一些欲望也不是说不能满足，可以满足，但是要采取一些方式，比如说满足他的要求要延迟，让他有意识地去克制自己的欲望，当他达到了要求，再适当地给予奖励。

尽量从孩子小的时候培养他自主学习的意愿，可以有意识地为孩子安排相关的学习任务，在完成时给予一定的鼓励和奖励；完不成时，家长也不要生气，耐心了解完不成的原因，是否任务过多，或是孩子无法专注，具体问题具体解决。

同时，家长在家里也要做好榜样，不要总在孩子面前玩手机、看电视，而是看看书或者做做家务，在家里营造出学习氛围，带动孩子共同学习。孩子的一切都是父母给的，孩子自律能力的培养和教育不是监控设备能解决的，更依赖于父母有效的陪伴和情感的付出。

10. 孩子谎话连篇，怎么办？

【情景案例】

我儿子俊俊今年才10岁，原来由乡下的爷爷奶奶照顾。今年，我们把他接到身边上学，却发现他有很多"问题"。他最大的问题是谎话连篇，这让我非常头疼。比如作业从不按时完成，当着我的面说完成了，等到我检查时却发现好多作业都没写。

有一次，他不想去上学，就假装肚子疼，我一开始还真信了他，要带他去医院，这时他又喊不疼了，我就知道他是在装病。他爸爸对他的管教方式就是打一顿，但这根本解决不了问题。我之前还耐着性子给他讲道理，但越来越不管用，他也很不耐烦，对这样一个孩子，真不知道怎么办才好了。

博士妈妈的话：爱撒谎的孩子不一定就是坏孩子。

面对孩子撒谎，大多数家长都会难以接受，因为害怕"骗人"这个字眼出现在孩子的意识或行为里。但世界上没有不撒谎的孩子，撒谎其实也是孩子的一种表达方式，所以孩子撒谎并不可怕，关键是要弄明白孩子撒谎的原因和动机。

面对爱撒谎的孩子，父母首先要摆正心态，把孩子当作一个独立的个体去尊重，心平气和地和他沟通，循循善诱。孩子从小不在父母身边，成长的过程中缺乏安全感，加上爷爷奶奶的隔代教育，可能让孩子从小养成了一些不良的生活和思维习惯，短时间内他又没有和父母建立一种情感上的信任，这种情况下发现孩子撒谎就非打即骂的话，只会加大孩子跟父母的距离感，让他更加叛逆。所以，千万要记住，越是在孩子的撒谎表现出增多趋势的时候，越要有耐心，否则孩子因害怕被惩罚可能更倾向于撒谎，变得谎话连篇。

还有孩子做作业喜欢搞"小动作"，那么，"小动作"背后是因为学习进度跟不上还是对这门学科不喜欢？只有了解这些以后，才能真正帮助孩子解决他遇到的困难和问题，也才能让孩子重新在父母身上找回缺失的安全感、信任感。

此外，不同年龄段的孩子说谎的目的不一样。低龄的孩子撒谎，可能只是下意识地觉得这样做能给他换来零食、不去上学等好处，家长要合理引导。

年龄稍大一点的孩子撒谎，一般来说都是主观的，是为了达到某种目的。比如孩子在学校犯了错，但父母管教很严，他为了避免受到惩罚，会选择说谎。

还有的孩子夸大事实或扭曲事实是为了获得父母的陪伴和关爱。面对这些情况，家长不能一味地指责，要多和孩子沟通。

一定程度上来说，孩子撒谎是一种模仿行为：父母怎么做，孩子就怎么做，父母撒谎，孩子也跟着撒谎。所以，家长一定要树立好榜样，不要在孩子面前撒谎。有不少父母不准孩子撒谎，但是答应孩子的事情自己又总是做不到，所以孩子总是会说"爸爸妈妈说谎，这是你们答应我的""爸爸妈妈骗人"。这样在孩子的脑子里就会形成一种意识：爸爸妈妈都可以说谎，我为什么不可以？所以，千万不要在孩子面前"双标"，父母一定要以身作则。

爱撒谎的孩子不一定就是坏孩子，理解孩子、信任孩子，并鼓励孩子勇于承认错误，才能帮助孩子养成诚实守信和勇于担当的品质。

11. 孩子一调皮爸爸就打，我看不过又说不通，怎么办？

【情景案例】

我和孩子爸爸从恋爱到结婚几乎没红过脸，更不要说吵架了，但自从有了儿子，尤其是随着儿子慢慢长大，我们在孩子教育问题上的矛盾越来越多。

孩子爸爸是脾气很倔的那种人，我说什么他都听不进去。他觉得孩子小的时候不严加管教、不打几下是不行的，但我特别反感对孩子动手，我认为打骂教育对改善孩子的问题起不到作用。每次我们都因为这个产生矛盾，我真不知道该怎么和他沟通，对婚姻也感到深深的疲惫。

 博士妈妈的话：不要当着孩子面互相拆台，合作沟通才能解决问题。

家庭教育中，夫妻双方有不同的观点其实挺正常的，毕竟男女思维方式不一样，怕就怕双方都坚持己见，都固执地认为自己的方式是对的，仿佛双方在一争高下。这种情况下孩子会左右为难，因为孩子谁也不想伤害。父母双方如果因此不能控制情绪而相互指责，对孩子来说更是灾难性的，他会在父母的暴怒争执中无所适从，丧失安全感，这是家庭教育的大忌。

如何处理夫妻观点不一致这个问题，确实需要智慧。夫妻双方首先应该彼此尊重、相互包容。比如，孩子调皮捣蛋时，如果爸爸坚持要打，那妈妈就先看看爸爸的"武力"教育到底有没有用，如果没用，那么下次爸爸就看看妈妈的办法怎么样。第一次做父母，谁都没有很好的经验，所以谁也不能说自己的方法绝对正确。但在一个和谐的家庭氛围中，父母双方共同商讨去解决问题，就会温馨快乐很多。

还要注意的是，夫妻双方产生分歧时，千万不要在孩子面前互相拆台，不要说一些"你爸没文化他根本不懂"，或者"别听你妈的，她说的都没用"之类的情绪化语言，不妨换种说法"不管有没有道理，我们尝试一下吧"，或者"今天爸爸做主，就试试他的方法吧"。这样，既让孩子学会了交谈的方式，知道妥协也是一种有尊严、有智慧的退让，也使未来某天你们改换教育方式时，理由充足。

无论是哪种教育方式，其实，最重要的还是家庭环境，这会影响孩子的性格养成，以及将来做事的方法。父亲要教会孩子更多的担当和责任，母亲则要教会孩子体贴和包容，两者相互结合才能使孩子的人格发展更完善。因此，父母要将双方的教育方式放在一起多磨合，看看孩子更适合哪一种。

教育理念不同，不是大事，一次没有按照科学方法教育，孩子也不会一败涂地，更不应该影响夫妻感情。父母不同的教育方式也许会培养出适应能力超强的孩子，诀窍就在于双方要保持良好的沟通：经常探讨自己的想法和担忧；一同理性、愉悦地做出决定；在处理具体问题时，用合作、沟通的方式解决问题……因为最终的目的并不是争对错，而是为了孩子更好地成长相互合作。

12. 10岁男孩还爱撒娇，是不是有"恋母情结"？

【情景案例】

儿子10岁了，还喜欢撒娇，动不动就要抱抱。平常写完作业，或者休息日，就爱黏着我，出门都要挽着我的手一起走。他爸爸一出差，就要求和我一起睡，如果不答应，他还会偷偷地哭。

老师还告诉我，他在学校做作业时遇到一点小困难就会哭鼻子，稍微有点磕了碰了，也哭鼻子。如果和同学闹了小矛盾，哭得比女孩都厉害。孩子从小是我带大的，学习、生活、教育都由我管。以前，孩子爸爸忙工作，没怎么带过孩子，现在孩子也不喜欢和爸爸在一起，我怀疑他有"恋母情结"。

博士妈妈的话："恋母"的孩子，多让他与父亲结盟。

孩子依恋父母，很多时候是和他的安全感相连的。安全感，是生命的底色。孩子的安全感来自幼年时的亲情依恋，如果孩子与父母之间的依恋关系没有建立好，可能会给孩子带来很强烈的缺失感，这种缺失感会产生很多问题，比如特别黏人（依赖性强）、怯懦、脾气暴躁、过于顽劣等。所以，孩子如此依恋妈妈，是不是在他特别小的时候，父母常年不在身边，或者很少陪伴呢？

依赖是每一个孩子都会有的行为，我们要设法拒绝的是孩子的过度依赖。有的孩子只会在特定情况下出现依赖性，比如，他在幼儿园可以自己穿鞋子、吃饭，但是一回到家里就不可以了，要向大人求助；还有的孩子因为胆怯，什么都不敢尝试。这种依赖性和年龄大小并不相关，父母需要做的是尽快培养孩子的独立性，因为到了青春期，孩子的情绪会更加不稳定，那时候再培养孩子的独立性就难上加难了。

家长可以多让孩子做力所能及的事情，比如让他陪爸爸妈妈去买菜，每周给家人做一两次早餐，负责给家里的花花草草浇水施肥等。父母不要总是对孩子生活上的事事无巨细地关心，给孩子一个机会，让孩子在自己动手尝试中获得经验教训，这样孩子将来才能更好地独立应对和解决生活中的问题。

再有一点，如果觉得孩子过度依恋母亲，担心有"恋母情结"，可以让父亲多参与到孩子的成长中来。孩子成长的过程中，父亲的角色是非常重要的，但现实家庭中，孩子一般倾向于更加依恋母亲。如果孩子能更多地依恋父亲，尤其是小男孩，他在获得安全感的同时，也会获得更自由地探索世界的勇气。与父亲结盟也有助于缓冲孩子对母亲的过分依赖。

最后，家长要让孩子从丰富的生活中汲取成长的营养，比如可以在双休日让孩子去安排自己的生活，让孩子有一些健康的爱好，如打球、游泳、学习乐器等。有健康爱好的孩子心胸会更加开阔。寒暑假，爸爸妈妈可以带着孩子旅行，开阔孩子的眼界，这些都会分散孩子对父母的依恋。

13. 我想让孩子认错，他却死倔到底，怎么办？

【情景案例】

我是一个5岁男孩的妈妈。都说当妈的最担心孩子受伤，而我这个做妈的却亲手逼得孩子差点把门牙崩掉，现在想来我的心都隐隐作痛。

有一次和他玩填字游戏时，他选了一个错误的答案，我告诉他正确的做法。他根本不服，而且还顶嘴，我说什么他都顶回去，还自称自己是"大王"。

我气不打一处来，越发坚定地要他服软认错，改掉狂妄自大的毛病。但他就是不肯低头，跟我越争越凶，还扑过来咬我的手，没咬到就咬我的衣服袖子。我一扯，一抹血丝就从他的牙缝里渗出来，门牙都差点崩掉……我想，我教育孩子不要狂妄自大的本意是没错的，可为什么问题没解决反而伤害了孩子呢？

 **博士妈妈的话：死倔到底的孩子要灵活应对**

每个孩子的身心发育都有其自身规律。在家庭教育中，孩子的成长有几个关键节点，它们对孩子的人生影响比较大。比如，3～5岁被称为孩子的第一叛逆期。孩子在5岁以后，个性特点有了比较明显的变化，其中最突出的就是自我意识增强了，孩子世界的中心不再是妈妈，而是他自己。他希望事事能够按照自己的意愿展开，同时也有了比较强的自尊心，希望受到他人、集体以及社会的尊重与爱护，渴望得到他人的肯定、表扬和赞美。

这个时候的孩子如果坚持一件事，不管家长怎么讲道理、怎么劝说都无法使他放弃，很多家长气急之下就会打孩子。

妈妈把孩子激怒了，导致孩子受到了伤害。所以，家长不要在急躁、心烦、不冷静的时候教育孩子，可以等到情绪冷静后，再同孩子交流。

此外，有些沟通小方法父母可以试一试。一是以"时间换空间"。当孩子有负面情绪，自己又不能控制的时候，可以先给他一个小玩具或者让他先玩一会儿，以"时间换空间"的方式帮助孩子转移注意力。二是用"共情法"和孩子促膝谈心。告诉孩子妈妈很理解他的感受，甚至，还可以对孩子说"对不起"，先让孩子愿意听妈妈说话，再引导孩子顺着妈妈的思路走。

14. 女儿对两岁的弟弟视若"仇人",怎么办?

【情景案例】

我有两个孩子,大女儿今年6岁,小儿子刚刚两岁。原本想给女儿添个弟弟她会更快乐一些,没想到事与愿违。女儿总会对弟弟大吼大叫,从来没有表现出喜欢弟弟的样子,更不用说能像其他孩子那样呵护弟弟。

她有很多玩具,但从来没主动给弟弟玩过,如果弟弟不小心动了她的玩具,她还要打弟弟。有次被我看到了,我责备了她两句,她居然咬牙切齿地说"要把弟弟杀死、打死"。

幼儿园老师也说,女儿变化很大,在幼儿园话变少了,总是闷闷不乐、心事重重的样子,也很少参与到集体活动中。

其实,两个孩子都是我们的宝贝,我们也多次对她说我们同等地爱她和弟弟,但女儿好像听不进去,对弟弟像"仇人"一样,我该怎么办?

博士妈妈的话:正向积极地互动,给两个孩子的爱要平等且独特。

当孩子有了弟弟妹妹后,经常会担心爸爸妈妈不爱他了,很多的时候,这样的担心也是父母的一些行为造成的。父母在怀二宝之前没有做好老大的心理建设工作,高估了孩子的承受力。

所以,当爸爸妈妈准备要二宝时,一定要让大宝知道,要让大宝参与二宝的整个成长过程。比如给弟弟或妹妹取名字、准备衣服等,从一开始家长就要有意识地引导大宝,让大宝满心欢喜地迎接弟弟妹妹的到来。

第一章 亲子关系：关系大于教育，关系先于教育

二宝出生后，随着孩子长大，孩子之间不时会发生冲突，父母在调解时，也要更多地关注大宝，给大宝决定权。毕竟小孩子还不太懂事，还谈不上拥有或者失去什么，而道德伦理赋予了大宝更多责任和义务，那么大宝就该享有很多权利，给予大宝该有的威信和尊严。这个过程会让大宝知道，爸爸妈妈挺在乎他的感受，所以他肯定也不能亏着弟弟或者妹妹。如此，孩子就更容易成长。

我曾看过一个小视频，讲一个德国的小女孩经常在弟弟身上恶作剧，在他背上画各种小动物，妈妈看到以后觉得很诧异，就问女儿在弟弟背上画了什么。小女孩特别兴奋地讲她画了什么，妈妈感觉恐怖，但小女孩说觉得挺好玩的。这个德国小女孩的做法其实就是在变着花样求关注。

这个案例给我们的启示是，父母要拒绝"偏心眼"。父母要做好分工合作，当妈妈带大宝时，爸爸就可以哄着二宝；当妈妈哄着二宝时，爸爸就可以带着大宝。这样能让孩子在情感上找到平衡。

父母要多鼓励孩子之间正向积极的互动，比如大宝给二宝拿了鞋子，或者二宝给大宝递送了水果，等等，一旦看到，父母要及时表扬，这样孩子会更加感受到亲情的归属感和价值感，兄弟姐妹之间的感情也会越来越好。

此外，家长还要注意给每个孩子独特的爱，让孩子了解这一点也非常重要，不要很空洞地表扬孩子，比如说"大宝你真棒呀"或者"小宝贝你真不错"之类的，夸孩子就要实实在在地夸，"弟弟很聪明，姐姐很乖巧"或者"弟弟很勇敢，姐姐很体贴"都可以。不要拿两个孩子做对比，如"你看姐姐那么听话，你怎么就不学学呢？"每个孩子都有自己的优势和劣势，父母要帮助孩子找到自己的优势，发挥自己的特长，这样才可以化解孩子之间的嫉妒和比较。其实，不只有大宝会嫉妒二宝，有时候二宝也会嫉妒大宝，所以父母一定要给每个孩子独特的爱，让孩子明白：兄弟姐妹之间，手足之情胜于一切。

15. "熊孩子"总惹事,怎么办?

【情景案例】

某影院内,工作人员通过监控发现,有一个小孩在观影时跑跑跳跳,不仅来回走动影响其他观众,还多次用手触碰和拍打荧幕,导致荧幕损坏。事后双方协商时,家长说影院应该负责,因未能尽到告知荧幕不可触摸的义务。影院经理称,金属荧幕受到外力破坏后无法修复只能换新的,整体的成本费用在18 000元左右。

此前,各地电影院也发生过多次类似的事情。有网友评论:看似"熊"的是孩子,背后却可能是不负责任的家长。

 **博士妈妈的话:释放天性和立规矩并不冲突。**

"熊孩子"的现象其实一直都有,俗语说"七岁八岁狗都嫌"。但是为什么一下子泛化成了一个大众话题,引发了人们普遍的反感呢?我想可能有两个原因:一是"熊孩子"可能确实多了,他们给人带来的困扰多了;二是网络时代的发酵效应,是个案引发普遍的关注。

我认为,"熊"其实是孩子的一种天性,比如好奇、探索、吸引大人注意等,作为大人,在一定的条件下应允许孩子有"熊"的行为,但不能没有限度。现在很多父母讲究释放孩子的天性,但又不懂得释放天性和养成规则意识是两个领域的事情。"他还只是个孩子啊!"这是"熊家长们"的名言,每逢孩子闯祸,他们就挺身而出、护犊心切,还护得理直气壮,甚至觉得"让孩子发挥天性"是教子有方。但无底线的纵容、无理由的宽容，很容易催生"小魔王""小霸王"，最后必然会反噬家庭。

那么，什么是"释放天性"？在《给孩子立规矩》一书中，美国著名发展心理学家布雷泽尔顿写道："释放天性是家长要多付出，通过耐心引导发现孩子的特性，在此基础上替孩子规划生涯，尤其是孩子还小的时候，父母一定要尽自己所能帮孩子规划。它所追求的理念是顺应孩子成长的规律，根据孩子成长的不同阶段，激发孩子潜在的向上能力，使孩子成为自律的人。"所以，"释放天性"并不是没有规矩，而是根据孩子的性格来立规矩，一定的规则对孩子的成长起着至关重要的作用。

比如，有的孩子偏外向，有的孩子偏内向，要采用不同的规则来约束孩子的行为。当孩子过于胆怯内向时，可以在保证安全的情况下尽量让孩子多体验，以增加勇气。但如果孩子在电影院等公共场所打闹或进行危险的行为时，一定要制止，并坚定地告诉他，电影院里要保持安静，如果做不到，就果断带孩子离开。等孩子冷静时再问他："如果你在看动画片，一个人总是在你旁边吵闹，你有什么感受？"让孩子学会站在对方的角度和立场去考虑问题。管理不是惩罚，是教育，好的管教一定基于对孩子的充分了解。

从来就没有天生的"熊孩子"，有的只是家长错误的教育方式，甚至是教育缺位。爱，不是一味地溺爱和放任，这样的爱哪怕只是一次两次，给孩子带来的也只会是伤害，甚至可能是毁灭。

16. 父亲和母亲对孩子的影响有何不同？

【情景案例】

每到父亲节，多个有关父亲的话题就会冲上热搜。和母爱一样，父爱同样能唤起我们内心最柔软的情感。网友"我有一根蓝色蜡笔"说："爸爸第一次让我自己开车去上班，我走了两分钟他不放心，给我打电话说送我去，下班回来的时候我没接到电话，他又开车到半路去接我。"网友"等到不想等了"说："妈妈走的那天晚上，我浑身发抖，爸爸亲手为我点了一支烟。我抬头，我只有他了。"……相对于母爱的细腻温柔，人们常形容"父爱如山"。那么，父亲和母亲对孩子的影响有何不同呢？

博士妈妈的话：父亲对孩子的影响更多在精神层面。

首先我想说，在一个家庭中父爱和母爱对孩子来说都是不可或缺的。不过，因为妈妈对孩子的关注事无巨细，所以现在大部分孩子都和母亲更亲近。而大多数爸爸或许因为不擅长表达自己的情感，又或许符合人们对于"严父"一词的定位，他们和孩子的关系没有妈妈那么亲密。但我觉得不能因此就忽略父亲对孩子的影响。

作为父亲，爸爸观察孩子的视角往往更加宽阔。他或许不能像妈妈那样随时随地给予孩子照料，但他对孩子的教育是引领式的，带有开拓性、冒险性，带了点严厉和挫折感。从爸爸那里，孩子学到如何去开创、如何去承担、如何去冒险、如何去进步、什么是有界限、什么是有原则，这些都是所谓的男性力量。母亲的教育是柔性的，孩子从妈妈身上学到如何去细心、如何去滋养、如何去包容，这些是女性力量。

从心理学角度来看，父母的关系潜移默化地影响着孩子长大后亲密关系的模式，会为孩子树立另外一半的"榜样"。女孩的爸爸，男孩的妈妈，一定程度上都会成为孩子未来寻找亲密爱人的模板。所以在一个家庭中，父母扮演着不同的教育角色，只有这样相互平衡的教育，才可能培养出人格健全、心理健康的孩子。

单亲家庭怎么培养一个孩子完整的性格呢？单亲妈妈或爸爸最好在思维方式和行为模式上增加一部分异性的特色。单亲妈妈要学会像爸爸一样给孩子建立清晰的原则与界限，让孩子走出去，脏一点无所谓，调皮一点也不呵斥；单亲爸爸要学会像妈妈一样照顾孩子的饮食起居、身体健康、情绪变化，在孩子哭的时候不是粗暴制止，而是温柔劝慰。

17. 家长如何把握惩戒的尺度？

【情景案例】

新闻报道，在江苏省南通市，一个10多岁的孩子为去同学家玩偷拿了父母100元，父母发现后把他送到了派出所，要求警察把他抓起来。民警了解情况后，对男孩进行了一番教育，男孩认识到自己的错误并向父母道歉，还将剩余的50元归还。同时，民警对两位家长也进行了教育，称应采取更合理的方式，不应让孩子害怕警察。

这条新闻随即引发了热议，有网友认为偷拿家里的钱不算偷，还有网友对如何把握合适的家庭教育尺度，尤其是惩戒的尺度提出了疑问。那么，家长发现孩子偷拿钱后应该如何教育呢？把孩子带到警察局真的合适吗？

博士妈妈的话：孩子犯错一"送"了之，并不能一劳永逸。

对于孩子的教育，过于放纵或严厉都是不利的。作为家长，面对犯错的孩子，既要保护他的自尊，又要严格教育，如何把握尺度，的确值得思考。

表面上看，这对父母"大义灭亲"，通过司法干预让孩子迷途知返。但实际上他们知道，孩子并不需要承担什么法律责任，最多只是被教育一番。他们主要是想利用警察的威望来震慑孩子，让他永远不敢再动偷东西的念头。

这种恐吓式的教育或许像一剂"猛药"，能让孩子一时迷途知返，但对孩子的心理影响是负面的。心理学研究显示，孩子对世界的认知还未成熟，分不清真假虚实，他们会把父母的恐吓当成现实，以为自己真的生活在一个只要稍微犯错就会被警察抓走的世界，这种恐惧感一旦产生，是很难消退的。

一个10多岁的孩子对财物并没有太多概念，比起冠以"偷"的罪名，更准确的描述是，未经允许拿父母的钱。未经允许才是问题的关键。按理说，买东西去同学家玩是非常正常的需求，他为什么不能光明正大地向父母要呢？父母有没有好好地与他沟通呢？父母本应该是孩子最信任的人，孩子却以"偷钱"的方式来解决问题，这到底是为什么？

与其戴着有色眼镜对孩子进行道德评判，不如俯下身来耐心倾听，问问他为什么这么做，是什么让他觉得"偷钱"比直接开口要钱更容易、更安全？父母才是孩子的第一任老师，当孩子出现这样的行为时，最先反思的应该是家长自己。父母可以耐心引导，倾听孩子真实的想法，并通过言传身教让孩子明白"偷钱"是错误的行为，甚至可以在交谈中想到对策，纠正孩子偷钱的错误行为。

人人都有一颗向善的心，孩子的世界并没有那么复杂，他们也懂权衡利弊，当他们知道还有正当的方式来满足自己的需求时，自然会做出正确的选择。作为父母，我们只有了解孩子内心深处的真正想法，学会正确与孩子沟通，才能从根本上解决问题，而不再是简单地一"送"了之。

18. 为孩子牺牲一切，真的是为孩子好吗？

【情景案例】

都说当代父母"控制"孩子有三件套——打击、卖惨、为你好。我们是不是常常会听到一些父母说："我要不是为了你，我至于这么辛苦吗？""我要不是为了你，早跟你爸离婚了！""我要不是为了你，我会变成现在这个样子吗？"……听过这种话的人都知道它们的杀伤力，我们称这样的父母为"牺牲型"父母。"牺牲型"父母喜欢用自己的付出控制孩子，实际上就是用爱"绑架"孩子。这种教养方式对孩子会产生什么样的影响？孩子真的会感激这样的父母吗？

博士妈妈的话：做60分的"自私"父母刚刚好。

孩子是父母的掌上宝，我相信99%的家长都愿意尽其所能给孩子最好的一切，但父母的焦虑也由此而来。别的孩子吃进口奶粉，自己的孩子只吃母乳好不好？别的孩子多才多艺，自己的孩子没条件报课外班怎么办？于是，一些父母即使没有条件，也会勒紧裤腰带，甚至"打肿脸充胖子"去创造条件。

但这些过度付出往往也伴随着过度的期待。一旦这份期待没有实现，父母就会沮丧、失落甚至崩溃，就会出现"要不是为了你……"的指责，让孩子承受巨大的压力，心理学上将这样的关系称为"心理失衡"。在失衡的关系中，父母长期单方面地付出，而孩子只能一味地被动接受，久而久

第一章 亲子关系：关系大于教育，关系先于教育

之，孩子的心中会产生无形的压力，伴随这种压力的还有自责、内疚和深深的无力感。孩子因心疼父母而内疚，却又因为无以为报而产生无力感。这种矛盾的心理最终导致孩子变得敏感、不自信，脾气也变得暴躁。有许多孩子甚至会对父母发火。

实际上，过度自我牺牲式的付出的本质不是来源于爱，而是控制。

家长在孩子面前一味克制、牺牲自己的需求，甚至压抑自己的情感，对自身的身心发展也不利。一味强求自己做到100分，只会在不断的压抑中越来越疲倦。无法爱自己，又如何有耐心去爱孩子？所以，家长在自己的能力范围内养育孩子就好。孩子可以知道爸爸妈妈只是普通人，即使赚不到足够的钱，无法送孩子去理想的学校，相信孩子也会找到自己的路；为了自己的需要产生离婚的念头并不可怕，让孩子脱离一团糟的父母关系，反而有利于孩子的成长。做不到100分，做到60分就可以，把那40分还给孩子，说不定会使孩子的成长空间更大。

在和谐的家庭关系里，爱和情感应该是流动的。在感受到父母之爱的同时，孩子也需要表达他们对父母的爱，也要有独立成长的自我空间。不要以"保护"的名义过分插手孩子的生活，更不要以"爱"为名"绑架"孩子，强迫他以你的意愿成长。所以最好的带娃方式，是当一个只有"60分"的"自私父母"。

19. 如何更好地养育女孩？

【情景案例】

10月11日是"国际女童日"，"国际女童日"的发起旨在保护女孩的权益，避免女孩在成长过程中遭遇到不公对待和被侵犯。男孩、女孩不只是性别、个性的差异，还有社会化过程中父母对他们的不一样的"期待"。《养育女孩》中有这样一段话："你的女儿长大后，你能看到你给她的童年与如今她拥有的力量之间的关联。"那么，怎样让女孩远离伤害和被侵害？怎样养育女孩才是正确的呢？

📢 **博士妈妈的话：大多数女儿会把母亲当作模仿对象。**

无论是在生理上还是心理上，女孩天生与男孩有着巨大的差异。想要更好地养育女孩，父母需要尽可能地发现女儿成长的特点，制定更加合理的养育方案。

传统观念里，女孩通常被允许胆小和娇气，男孩则要坚强自信。婴幼儿时期，父母会给女孩买公主裙、讲公主故事，把女孩当作小公主来养育；男孩则被允许做一些更具挑战性和高难度的事情，家长甚至会刻意让男孩多吃苦，训练男孩的毅力，培养他吃苦耐劳的精神。实际上，男孩和女孩都需要勇敢、自立和坚强。养女儿更要培养其独立的精神，只有不依附于他人，才能更强大，也才能免除一些伤害。

因为女孩天生具备善解人意、体谅他人、更容易与他人相处的性格特点，这会让女孩在遭遇强势的人际关系时更容易妥协和退让，父母应该从孩子幼年时就提醒女孩，要学会对故意侵犯自己的人说"不"，要学会爱自己。对女儿，父母还要尽早对她进行正确的性教育，这样孩子才知道，有些行为是不对的，才能避免受到伤害。

其实女孩比男孩更容易受到情绪上的影响，因为女孩天生敏感，更容易察觉出别人情感上的变化，所以很多女孩子经常会因为一些小事而影响情绪。有些女孩还会给人留下小心眼的印象，父母要引导孩子，让孩子成为一个乐观、不拘小节的人，不要因为无关紧要的事情发愁。

此外，不是所有的女孩都喜欢洋娃娃、公主裙。如果你发现自己的女儿有不同的兴趣，请不要质疑她，更不要试图"矫正"她的兴趣。当你鼓励女儿寻找自己的兴趣所在时，不要忘记广泛撒网。养育女儿的父母更要注重培养孩子的内在气质，要让女儿腹有诗书气自华，读书无疑是最好的方式。

还有，不管妈妈是否已经意识到，大多数女儿都会把母亲当作模仿对象。从某种意义上说，妈妈决定着女孩将来成长为一个什么样的人。所以，请记住：想让女儿成长为一个什么样的人，妈妈自己首先要成为那样的人。好的品德是父母送给女儿的最珍贵的礼物。

20. 职场父母如何平衡工作和带娃？

【情景案例】

选择工作还是全职带娃成为越来越多职场人不可回避的烦恼。"辞掉高薪工作回家带娃值不值"这个话题曾经上了热搜，引发网友热议。

对于新晋父母来说，由谁带孩子一直都是很伤脑筋的事情。给家中的老人带，担心以后的教育问题跟不上；自己带，又放不下自己的工作。那么，工作和带娃之间，究竟该如何平衡呢？

📣 **博士妈妈的话：要想孩子佩服你，先要把威信树起来。**

我相信有这个烦恼的父母，都是对养育孩子特别上心的父母，是明白"陪伴对孩子的成长意义重大"的父母。不过，对值与不值的理解，因人而异，也因家庭而异。

我对这个问题的看法是，如果家庭中的一方收入特别高，并且处在事业发展黄金期，而且夫妻双方理性分析后得出，一方的收入完全可以支撑家庭生活的全部开支，那么，收入低的一方辞职陪伴孩子成长最关键的几年未尝不可。

孩子真正需要父母陪伴的时光就那么几年。尤其是在孩子三岁前，父母稳定的、一对一的陪伴，是形成孩子安全感和与孩子建立亲密关系的最重要的因素，将来在青春期也能有效地缓冲孩子和父母之间的矛盾冲突。所以，我一般建议至少在孩子3岁前，父母要做到亲密地陪伴。钱可以暂时少赚一些，工作还有再找的机会，但孩子的成长，一旦错过就永远错过了。

另外，我觉得也不要把育儿和工作完全对立起来。育儿也是育己，因为孩子的到来，也开启了我们生命的一段全新历程。养育孩子的过程也是父母看到自己的过程。面对孩子的哭闹、不听话、淘气，新手父母都会经历手足无措、崩溃、焦虑的阶段。你是什么样的父母，就会带出什么样的孩子。如果你不爱说话，那么你的孩子也大都语言表达能力欠佳、不善于交际、不够自信；如果你性格暴躁，爱发脾气，经常大呼小叫，那么你的孩子也大多脾气不是特别好，缺乏耐性，甚至还有暴力倾向；等等。而父母通过自省和学习学会了构建良好的亲子关系，自身也会发生巨大的蜕变，而这也会反哺父母以后的工作和人生。

当然，如果你的家庭条件并不允许其中一方辞职回家带娃，这时请老人帮忙或花钱请人帮忙照看孩子，可能是更好的选择。孩子需要父母的陪伴，但父母的身心状态和夫妻关系对孩子的健康成长影响也非常大。如果辞职在家，生出了很多牺牲感，对未来充满焦虑和惶恐，那么父母的这种情绪也会不自然地传递给孩子，从而放大孩子的问题或给孩子制造各种新的问题。那就不如去工作，用赚来的薪水聘请更专业的育儿嫂或请自家老人帮忙带孩子。自己下班之后可以多陪陪孩子，父母的生命状态、生活质量比较好，也能传递给孩子更多信心、勇气和力量。总而言之，这个问题没有标准答案，最适合你和孩子的选择，就是最佳的选择。

第二章
学习问题：每个孩子都可以闪闪发光

孩子的学习历来是家长最关心的问题。确实，学习很重要，那是孩子通往梦想的路，是孩子精彩人生的基本保证。但很多家长都有一种苦恼，孩子上小学后，学习问题逐渐增多，学习不主动，注意力不集中，甚至厌学，等等，家长很焦虑却又不知道如何让孩子改变。这时难免会出现"不辅导作业母慈子孝，一辅导作业就鸡飞狗跳"的情况。事实上，孩子对学习的自信需要家长一点一点地帮助建立，孩子的学习兴趣需要家长细心地观察和引导，孩子遇到挫折时更需要家长的温柔鼓励……

我有几个好朋友的孩子，一个已经大学毕业了，进入某大型国有银行，已经上班。一个在国内一所著名的大学就读，准备保研了；一个还是一名初中生，但成绩非常优秀。平时见面聚餐，这些孩子都会很有礼貌地为大人倒茶、敬酒，时时处处显示着他们良好的教养，他们就是让一些家长羡慕的"别人家的孩子"。

我从小看着他们长大，和他们的父母彼此也很熟悉。我跟他们就孩子的教育问题也展开过讨论。后来，我又跟许多优秀孩子的父母聊过天，慢慢我发现这些孩子背后有一些共同点。

首先，比起热爱学习这些孩子更热衷于思考，"享受学习才是最高境界"。学理科的孩子往往热衷于逻辑与推理；学文科的孩子都爱阅读、擅长表达，和不同的人聊天也是他们的爱好之一。

其次，比起分数，这些孩子的父母更在意的是孩子对学习的态度，而除了学习之外，大部分父母都表示自己还有更看重的东西。家长不把孩子的成绩放在第一位，不急功近利，而是注重因材施教，发掘孩子身上的闪光点。这才是这些优秀家长成功的地方。

现在新闻里还有父母因辅导孩子功课被气得崩溃、号啕大哭，甚至诱发心梗，心脏病发作。看到这样的新闻，我常常想，这到底是孩子不容易还是家长不容易呢？

第二章　学习问题：每个孩子都可以闪闪发光

其实孩子都是非常聪明的，可惜有很多孩子在接受教育的过程中逐渐被毁掉了，其中非常重要的推手就是家长。

孩子还未出生，很多妈妈已经"产前焦虑"，生怕孩子在娘胎里发育得不如别人；不到一岁，开始入托焦虑，提前三年就要去幼儿园排队报名；刚进了幼儿园，紧接着就要给孩子物色小学，还有"鬼门关"一样的小升初……几乎所有家长聚在一起谈论的都是"报了什么英语班""奥数学得怎么样"。浏览一下教育网站，看看人家"牛孩"是怎么培养出来的。讲究名校崇拜，不能输在起跑线上……家长的很多焦虑都来自于孩子的学业，但是学业成绩和未来的发展却没有绝对的对应关系。

哈佛大学心理学家加德纳把人的智能归纳为 8 种，包括逻辑思维智能、语言的才能、艺术的才能、空间的能力、身体的能力等。但现在学校却只考查人的两种能力——逻辑思维智能和语言的才能。

事实真的如此吗？实际上有人可能就是数学不好，考不上好大学，但是他的人际交往能力可能很好，未来可以做一个出色的销售人员。近代著名的文学家和作家钱钟书在参加清华大学的招生考试时，虽然数学只考了 15 分，但并没有影响他在文学领域取得巨大成就。

这充分说明，只要把一个人的能力激发出来，找到相应的优势领域，他就可以在这个领域发挥得非常好。

我们都知道孩子的问题特别多，一个四五岁的儿童会问很多问题，到了小学毕业的时候就没问题了。为什么？事实上，是我们的教育把儿童的好奇心、想象力慢慢压抑了。

儿童先天都有学习潜力，是一个天生的学习者。我们有很多事实可以说明这一点，比如婴儿的学习过程。我们看到婴儿学说话、学交流，他并不需要上学习班学习语法，他就是有这种学习能力，这是人类天生的能力——天生会学习、爱学习，而且天生具有好奇心、想象力。

可能有的人会说，那为什么每个班都有一些不爱学习的学生呢？而且他们对其他事情也提不起兴趣，就喜欢上网，玩手机。我想问：你真的确定他只爱上网和玩手机吗？他不爱学习，就没有其他的爱好和感兴趣的方向？他从小的理想就是上网和玩手机吗？什么时候孩子把自己的理想丢了呢？所以值得我们真正关注的，或者说真正的问题是——为什么天生喜欢学习的孩子后来逐渐变得厌学了，变得没有问题了？

如果我们的家长和老师能够以更加开放和多样化的心态来认识每个孩子的特点，帮助他们真正走到各自感兴趣和擅长的方向，我觉得在我们的校园中就不再会有学霸和学渣的说法。每个孩子将来都能闪闪发光。

1. 孩子没有进取心，不求上进怎么办？

【情景案例】

我儿子今年10岁，我觉得他干任何事都不想努力，没有什么进取心，上课心不在焉，做作业就是应付，遇到不会的题，并不想真的钻研明白，而是直接从网上抄答案，或者干脆空着交给老师。

我给他报课外班，他也从不反对。问他喜不喜欢，他会说喜欢，但真正去上课的时候却不用心。无论是弹钢琴、滑旱冰，还是学语文、数学和外语，他都处于"混"的状态。无论在哪个群体里，他都没有很强的存在感。我也尝试过各种奖励的方式，但孩子并不会因为奖励而持续努力。我还尝试过批评和用"别人家的孩子"来刺激他，但孩子表示他不在乎这些。孩子这么没有进取心可怎么办呢？

 博士妈妈的话：有人生目标的孩子才有拼搏的动力。

人努力拼搏的动力一般来自于两方面：一是改变生存现状的需求，二是实现自我价值。对于出生在城市的"00后"来讲，他们大多是在富足与爱中自信地成长起来的，根本不需要通过学习来改变什么，所以很难通过改变生存现状的需求来激发他们拼搏。年龄较小的孩子生性好玩，不懂得自我教育、自我激励。那么，在这样的前提下，如何激发孩子的上进心呢？

激发孩子的上进心，关键在于要让孩子知道自己擅长做什么，并相信自己一定能行。孩子只有不断地从中获得成就感，才能让他获得"追求自我价值实现"的动力。

家长可以找到孩子的长处，然后以此为起点，增加孩子在学习上的积极体验。比如一个孩子喜欢说话，但是不擅长写作，那么，我们可以让孩子先通过说话来完成作业，把说话的过程录下来，整理成文字，这样扬长避短，可以帮助孩子重建学习的信心和兴趣。一个确定的目标是成功的一半，一个人只有确定了奋斗目标，才能有努力拼搏的方向，才不会在前行中迷失自我。

有了目标后，针对目标可以创设一些有挑战性的活动，让孩子主动提出问题，并用自己的知识和技能加以解决。每个人都有自尊心和好胜心，当孩子取得了一定的进步时，父母要抓住机会表扬孩子，由此带来的喜悦不但能让孩子以"下次会做得更好"进行自我激励，也有利于培养孩子的进取心。

孩子的理想和抱负也会受到同伴的影响。让孩子多结交品学兼优的孩子做朋友，良好的同伴关系能激发孩子的潜能，强化孩子积极向上的进取意识，"近朱者赤，近墨者黑"就是这个道理。

最后，父母的言传身教也很重要。父母用自己对事业的进取精神去影响孩子，会对孩子产生积极的潜移默化的作用。孩子的一言一行大多由模仿得来，父母的言行会影响孩子。因此，父母及家庭其他成员必须从自身做起，用自己积极上进的言行影响孩子，这样比简单的说教更有效。

2. 寒假来了，如何防止孩子的成绩"假期滑坡"？

【情景案例】

我家孩子上小学二年级，这次期末考试考得还不错，所以，寒假开始后我也没怎么管他，让他该玩玩、该吃吃。就这么过了一个多星期。周末，他也没兴趣出去玩，成天待在家里抱着手机、看电视。我临时起意，拿了一套期末测试试卷考他。这一考就傻眼了，才一个多星期没让他摸书，就已经有好多生字不会写了，数学题也解答得非常潦草，完全不是期末考试时的水平。我看在眼里，急在心里。如果一个假期天天玩下来，他的学习成绩肯定会大幅度滑坡，可硬逼着他学习，他又不乐意，我该怎么办才好？

 博士妈妈的话：先听听孩子的假期"愿望清单"。

寒假开始了，很多家长会把孩子的时间表排得满满当当，各种规划帮着做了不少，孩子却说希望能有一点自由空间。作为父母，总担心孩子不够自律，一边担心一放松会发生"假期滑坡"，一边又怀疑自己是不是太过严苛……这样的焦虑都是可以理解的，但家长是否想过，孩子究竟需要一个什么样的假期呢？

其实无论是父母还是孩子，都希望有一个充实的假期。所以，我的建议是，不妨先和孩子沟通一下，先看看孩子对假期有什么期待，有没有愿望清单，能否实现，怎样实现。同时，家长也可以把自己期待孩子在假期里做的事情列举出来，比如，希望孩子读哪些书，做哪些户外运动，商讨一个大致的计划。

我们要告诉孩子，如果他能好好规划，不仅可以去做自己想做的事，还可以达到自己的期待。

做好沟通以后，接下来就是如何规划执行的问题了。比如，我们可以和孩子一起把愿望清单写在彩色的贴纸上，然后张贴起来。规划写得越具体越好，包括在哪一个地方，什么时间做什么事情，做多长时间，等等。完成一个计划就撕掉一张，最后就能看到假期有什么收获了。

在这个过程中，如果孩子没有完全达成，也不要责怪他。因为通过这个商讨落实的过程，孩子会明白这种方式是为了让他变得更善于规划。当孩子开始主动规划和掌控时间时，也就学会了为自己负责。他得以迈出了独立自律的第一步。这是非常重要的。

同时，在假期也要让孩子生活作息规律。一到放假，很多孩子开始睡懒觉，上学的时候建立起来的良好习惯，在假期里因为整个人放松都丢掉了。因此，让孩子在放假的时候也跟上学的时候作息一致才能养成好习惯。每天固定时间起床，固定时间睡觉，三餐尽量定时。

还要坚持阅读。研究显示，寒假期间没有坚持阅读相当于遗忘一个月的学习内容，阅读水平退步两个月。想要防止成绩滑坡，孩子需要确保每周有 2～3 个小时的阅读时间。按每周 2 小时、一周阅读 5 次来算，其实每次只需要阅读半小时左右。家长可以督促孩子，比如提前半小时让孩子上床做睡前阅读，或者白天和孩子一起逛逛图书馆，等等。

在假期里，复习"旧"内容、预习"新"内容显得格外重要。让孩子系统地复习上一学期学习的内容，大致浏览即将学习的课本，这样既能起到对知识点承上启下的作用，又能够减少开学后花费在弥补假期滑坡上的时间。

寒假也是一段难得的亲子时光，可利用这段时间带孩子去参观博物馆、画展，看电影、话剧或是纪录片，听音乐会或是做郊外旅行。注意不要把所有时间都用于学习，那会让孩子厌烦，也不科学。

总之，自由和自律并不矛盾，家长和孩子都要有良好乐观的心态，把握好两者之间的平衡，方能收获一个愉快又充实的假期。

3. 孩子很聪明，为何总是考不好？

【情景案例】

我儿子冰冰今年7岁，上一年级，无论在生活中还是课堂上，他的表现都很棒，礼貌待人，乐于助人，上课积极发言，对老师的各项要求都做得很好。

可最近几次月考成绩出来，他的语文基本都是80分左右，数学70多分，这个成绩把老师们都惊呆了，对于一年级的孩子来说，这可以说是很差了。我看了考卷，错的题目都是他平时很熟悉的，都很简单，我实在不知道问题出在哪里了。马上就要期末考试了，该怎么帮他应对呢？

 **博士妈妈的话：聪明孩子考不好，常因"聪明反被聪明误"。**

聪明的孩子有一些共同的优点，学东西快，一说就懂，一点就透。他们领悟力极强，学习新知识对他们来说太容易了，可真正考得好的却不多，尤其对于小学生来说。

为什么呢？老师稍微讲一讲他就理解了，觉得自己学会了，就不认真听后面的内容了，结果可能只学到了皮毛，并没有把知识点吃透，题目一变，可能就不会了。又或者他确实学明白了，加上平时老师、家长都夸他聪明，自信心爆棚，轻视了考试，试卷发到手里轻轻一扫，就感觉"题目太简单，完全没问题"。

做题的时候马马虎虎，审题不认真，一扫而过；阅读不仔细，理解错

第二章 学习问题：每个孩子都可以闪闪发光

误；解题的时候，把字写得歪歪扭扭、写错，等等；不会想着最后检查一遍。还有就是在幼儿园"超前学习"后，课堂上的东西他认为都学过，上课小动作很多，考试的时候才发现并不是所有知识点都掌握了，最后考得一塌糊涂。

与其焦虑，我觉得家长可以先和各科目老师沟通，了解孩子详细的学习情况。除了课堂表现，还要了解各科老师对知识要求掌握的一个标准度，这样才可以有的放矢，回家后再按照老师的要求制定学习策略，然后和孩子一起好好分析丢分问题。是没写？不会写？还是会写但是时间不够？或者是粗心导致失分？这些从卷面上完全可以反映出来，只有知道具体原因才能制定对策进行改进。

如果是孩子粗心，那就要培养其检查的习惯；如果是书写潦草，那就要提高其书写水平；如果是知识点没有掌握，那就要把问题记录到错题本中，并巩固该知识点，后续定期复习错题本中的知识点。

小学一二年级，在知识点不多的情况下，孩子的学习成绩是和习惯挂钩的，建议先把孩子的学习习惯培养起来，再把孩子缺漏的知识点补上。当下就让孩子养成"自己检查作业"的好习惯，孩子自己检查作业，发现自己的错误，就能意识到自己粗心的情况，考试的时候就能重视起来。

家长千万不能焦虑，一定要少责备孩子，平常多与孩子沟通，听听孩子的真实想法，有进步了就及时表扬，给予肯定，陪着孩子一起进步成长。

4. 11岁孩子不爱学习还逃学，怎么办？

【情景案例】

我儿子今年11岁，上小学五年级，一学就会，尤其喜欢摆弄电子产品，动手能力很强。刚上学的时候，成绩还不错，处于班级的中上游，但后来越来越不对头，越来越不爱上学。他总说上学没意思，还不如玩手机游戏、做生意来劲，学习成绩也是一塌糊涂。

前几天老师告诉我，他居然装病请假，和几个成绩不好、爱玩的同学一起逃课到游戏厅打游戏，还被同学举报了。我知道后真是气死了，我跟他爸在外面辛辛苦苦做生意挣钱，都是为了他能在城里上好学校，他竟然这样不争气。回来后我教育他，问他现在逃学将来没文化怎么办？他还振振有词地说："长大了就开个游戏厅挣钱，有什么不好。"现在，他马上就要升入六年级了，还这样吊儿郎当，该怎么教育才好呢？

博士妈妈的话：孩子寻找到梦想才能扬起人生的风帆。

孩子逃学的原因很多。有可能是跟同学闹矛盾了，有可能是受欺负了，有可能是被老师批评了；或者是学习上有困难，处处觉得自己不行，又没有学习的目标，于是就有了厌学情绪，等等。

发现孩子逃学千万不要粗暴教育，不要一味地打骂孩子，要先听听孩子怎么说，了解真实情况后再解决孩子逃学的问题。

案例中的孩子更像处在青春叛逆期。因为父母忙于生意，疏于管教，而孩子又找不到自己的人生目标,为了逃避学习的压力,就把精神寄托在逃学玩游戏上。正如他自己回答的"长大了开游戏厅也可以挣钱",和许多厌学、逃学的孩子一样,他缺乏的正是强烈的目标感。他学习不好并不是因为学不会,而是不知道为什么要学,不知道学习到底能给自己带来什么。

实际上,对于十一二岁的孩子而言,价值观、世界观、人生观已经在建立的过程中了。这个时候,他们亟须找到的是自己的标杆、自己的目标。所以,家长要帮助孩子寻找目标,寻找梦想,这样才能真正地帮助孩子。

我建议家长不妨跟孩子来一次促膝长谈,先让他了解父母在外挣钱不容易,了解没有文化的人在底层谋生有多艰难。同时启发他想象自己未来的样子,引导他找到自己的理想,并把理想可视化。比如,孩子对电子产品很感兴趣,动手能力强,其实这个跟计算机等高端科技产品是有关联的。那么,父母不妨带孩子去参观一些高科技展览,引导孩子看这个行业的一些翘楚的纪录片或传记。这样,孩子就能有理想,或者有崇拜的偶像。

在确定了最终的理想之后,还要帮孩子把目标细化,明确想实现这个理想,需要做哪些工作。比如,要想考上理想的大学,首先要考上理想的高中,要想考上这所理想的高中,需要知道中考时自己的竞争对手有哪些,必须拿到什么样的名次才能考上。

孩子心中有了目标,才会产生学习的动力,才会重拾信心,步伐坚定地向着自己的理想迈进。还有非常关键的一点——在孩子 12 岁之前,家长不管多忙,一定要抽出时间多陪伴孩子,这是他成长的关键时期,不要以工作忙没时间为由忽略对孩子的教育。孩子年龄小,看不到很多更深层的东西,需要家长的引领。把握好孩子的成长关键期,会使孩子受益一生。

5. 期末考试后怎么跟孩子谈成绩？

【情景案例】

考试成绩出来后，有的孩子没考好的家长可能会说："考这么点分，说出来都嫌丢人！我告诉你，暑假一天也别想玩了，给我老老实实到辅导班补课去！"这么说肯定不合适。

还有的家长可能会安慰孩子："考试成绩不重要，考多少分你都是最棒的！"然而，这样言不由衷的安慰，真能达到预期效果吗？

可见，面对考分，家长的态度和反应会深刻影响孩子对自我的评价和对学习的认知。

那么，和孩子聊考分，怎样做才是正确的呢？

博士妈妈的话：高分不捧，低分不骂。

我觉得家长要放平心态，考得好不过分"捧"，考得不好也不要过分责备。一般来说，当孩子成绩不好的时候，内心更需要被肯定。所以，家长在和孩子沟通之前，一定要注意观察孩子的情绪，如果孩子带着不好的情绪，你越跟他讲道理，他就会越抵触，这样就会起到反作用。

心平气和地和孩子一起探讨下没考好的原因，是思想上不重视，还是学习方法不对头，抑或是考试期间时间未能合理分配……针对考卷的情况，拿出纠错本，总结每一道题的得失：是学习态度不认真、学习方法不正确、学习习惯欠佳，还是上课不够专心、不懂又不敢请教老师、考试时紧张或不够细心，等等。在和孩子一同探讨的过程中，一方面，家长一定要调整好心态，态度和蔼，千万不要发怒，不要随便责备孩子，要想办法引导孩子说出真正的原因；另一方面，家长要引导孩子找到改进的方法和今后应该采取的措施。

家长可以根据孩子当前的学习状态，与孩子一起分析试卷，然后结合孩子当前的实际能力，制订一个切实可行的目标。这个目标可以比孩子当前的实际能力高一些，但是一定要合理。因为只有目标合理，才能在给孩子带来挑战的同时给孩子提供动力。比如这次我们考了75分，那么下次我们能不能通过研究这门课程的学习方法和提高学习兴趣，争取达到85分？对于孩子的进步，要循序渐进，一步一步来。

不管成绩如何，家长都应该客观评价，和孩子一起从整体成绩中找到自身的个体差异。比如有些孩子数学成绩不是特别好，可能是因为数学思维能力和习惯有所欠缺，家长就可以私下里和数学老师多沟通，分析原因，请老师多关注一下孩子。如果孩子喜欢交往的同学当中有数学成绩特别好的，也可以请这个同学多和孩子一起做作业。

对于考得好的孩子，要不要用物质奖励呢？一定的物质奖励当然是可以的，但也不妨这样对孩子说："这次做得很不错，我们都为你高兴，也奖励你了，但你要知道，最大的奖励其实来自于你自己……"肯定他努力的价值，让孩子产生努力的内驱力。

总而言之，在孩子的学习过程中，家长关注分数也是无可厚非的，但更重要的是要关注孩子的心理健康，以及如何让孩子身心愉悦地成长。分数不代表一切，与成绩相比，成长永远是第一位的。

6. 儿子考试作弊，该如何引导？

【情景案例】

我接到儿子老师的电话，说儿子在单元测验考试的时候作弊了，因为考虑到孩子的自尊心，所以没有当场揪出，而是事后找他谈话，他也承认了自己的作弊行为。

我在电话里再三向老师道歉，挂掉电话后又惊又气。儿子今年上小学五年级，之前从来没作弊过，现在竟然干出这样的事，我怎能不生气？

事后我严厉地批评儿子，并跟他讲述了作弊的坏处，可他不仅不听从，还振振有词地说："别人都抄出了好成绩，我不抄岂不是亏了？""考不出好成绩，您能给我买新书包吗？"

我知道一味地批评他不是好的教育方法，可我究竟该如何做呢？

 **博士妈妈的话：给孩子解释的机会，找到作弊背后的原因。**

孩子抄袭作业、考试作弊的情况比较常见。我的建议是，家长在发现孩子有作弊的行为后，千万不要急于发怒，不要一味地指责孩子，要先给孩子一个"解释"的机会，弄清楚作弊背后的原因是关键。

一般来说，孩子作弊主要有以下几种情况：一是虚荣心作祟，平常不努力考试又想考个好成绩，那就只能作弊；二是心理不平衡，自己本来不作弊，但看到周边同学作弊而获得了高分，因此有样学样去作弊；三是一些父母把分数看得过重，使孩子压力过大，并且平常喜欢用一些物质奖励来调动孩子学习的积极性，孩子为了能向父母交代同时又为获取奖励，也会铤而走险去作弊。案例中的孩子很明显就属于后面两种情况。

不论是哪种情况导致的作弊，家长都应该心平气和地和孩子沟通交流，以理服人。家长应先指出作弊的危害和影响。虽然作弊偶尔可以瞒过老师和家长，但是迟早会露出马脚，最终会害了自己。而且越是重要的考试，作弊的成本越高，比如中考、高考，甚至大学、职场的考试，一次作弊可能会让你尝到无法升学、学籍被取消等严重后果，有的考试作弊甚至会触犯法律。关键是一旦形成了依赖作弊的"小聪明"去走捷径的思维，在今后的人生中会吃大亏，因为真正的成功都靠脚踏实地的付出，没有捷径可走。家长可以举出一些真实的事例让孩子意识到作弊行为的严重性，真正从心理上抵制这种不良的行为。

家长要引导孩子明白"诚实比分数更重要"，宁可要不及格的诚实，也不要掺假的高分。不诚信的人以后即使再有才华，道德品质不过关，也无法在社会上立足，这样的事例古今中外有很多。

同时家长也要进行反思，正确看待孩子的成绩，考高分的孩子不一定成材，考低分的孩子也不一定是低能儿，不把分数作为评价孩子的标准，让孩子以平常心对待考试，告诉孩子只要尽力而为就行。

家长平时要多关注孩子，积极帮助孩子树立学习信心。有些孩子成绩不好一时作弊，可能是没有找到正确的学习方法，家长要深入了解孩子的学习情况，必要时可以寻求老师的帮助，比如换座位、请老师或优秀同学帮助补课等。家长要多和孩子打感情牌，而不是动辄用什么物质奖励，尤其是与成绩挂钩，长此以往对孩子的成长是非常不利的。

7. 孩子自控力太差怎么办？

【情景案例】

儿子今年6岁，已经上一年级了，但老师向我反馈，孩子不太遵守课堂纪律，在座位上坐不住，随意走动，自由散漫。不仅书包随便扔地上，桌上什么书都有，要是我放学没去接他，他就和同学玩到天黑才回来。其实在家里他也是这样，电视看起来就没完没了，自控力非常差。我和孩子的妈妈很头疼，打也打过，骂也骂过，以前还采取过鼓励＋要求＋奖励的形式，但收效甚微，可以说孩子是"软硬不吃"。孩子的妈妈还曾怀疑他是不是感统失调，有多动症，但孩子思维敏捷，语言组织和表达能力都不错，不像感统失调，希望老师能帮我出出主意。

博士妈妈的话：想要孩子有自控力，先要营造好家庭氛围。

孩子写作业不自觉、自控力差确实是让家长们比较烦心的事，其实这都是由于孩子年龄小，大脑发育还不完全，所以不善于控制自己的思想和行为，这也是孩子的成长特性。家长不要过于焦虑，给予孩子成长的空间和时间，同时，也需要在孩子从"他律阶段"向"自律阶段"的过渡期给予帮助和指导。

首先，家庭教育的方式很重要，父母的放纵和娇生惯养是造成孩子自控力差的原因之一。这样的家庭环境培养出来的孩子容易习惯坐享其成或者由着性子来，玩着学，学着玩，随心所欲，时间长了就难以学会管控自己。

其次，一些家长对孩子的教育过于简单粗暴，像爸爸说的，孩子不听话就会打骂孩子。孩子在行为上也许被爸爸一时的威力压制住了，表面上顺从，但内心往往不服气，导致一而再、再而三地重现错误，这种方法治标不治本。所以，家长还是要对症下药，从细微处着手，去观察、了解孩子每个阶段的心理。当孩子遇到事情的时候，要了解事情的始末。

所以，要培养孩子的自控力，家长们要先检视自己的教育方式有没有问题，然后再从行为上对孩子进行规范，比如家长可以在孩子想看电视或者玩游戏的时候，提前和孩子进行协商或约定，看多长时间，玩多长时间，在定好的时间快到时提醒孩子"时间要到了"，如果孩子不能说到做到，那么父母可以按照约定好的取消孩子这项活动的时间。如此一来，孩子就会在父母的提醒中学会控制自己。另外，还可以建立一个合理的明确目标，当孩子遇到困难时，你给他鼓励，取得进步时，你给他及时点赞……这些都可以提高孩子对自身能力的掌控。当然，这些方法都需要持之以恒，不可能一蹴而就。不过，有种特殊情况是，确实有少数孩子自控力差是因为多动症，如果有这方面的怀疑，那就要及时就医，寻求专业医生的判断和治疗。

8. 天天陪孩子写作业，成绩却越来越差，为什么？

【情景案例】

女儿已经上三年级了，我自认是个合格的妈妈。从幼儿园开始，我就负责接送孩子，陪她亲子阅读，上学后又每天辅导她的作业。但老师反映，她常写错字，课文内容填空也不完全按照书上的来，做过的题每次都有新的答案。数学更是一言难尽，总是很马虎，有的应用题昨天做对了，今天再做还是会错。每到写作业时间，我在旁边陪着，看着她不是这个拼音拼错了，就是那道题看错了，一个小时的作业有时三个小时都无法完成，我真是血压一次次飙升。

 **博士妈妈的话：没找对方法，孩子只会越教越"笨"。**

从妈妈的来信看，我感觉甜甜的问题主要是没有掌握好学习方法，没有培养好学习习惯，这和家长的辅导方式有关。有的家长陪孩子学习，总是以"教"为主或者代替孩子思考，这样孩子的学习能力就会越来越差。比如亲子共读绘本，重点是"共读"。一些家长只是习惯性地给孩子念书，而不善于引导孩子一起阅读和交流，这不仅剥夺了孩子的学习机会，还无助于培养孩子的观察力和想象力。"授人以鱼不如授人以渔"，孩子在学习上天天都会遇到难题，没有学习能力的人，即使教得再多，也只会越来越"笨"。

家长给孩子辅导作业有几个要点要注意，孩子读一年级或二年级时，

第二章 学习问题：每个孩子都可以闪闪发光

重点是培养良好的学习习惯。比如，回家后，要先做作业；作业要按时完成；要按照课本规定格式书写、计算；等等。这个年龄阶段的孩子适合鼓励式的教学法，即便发现有不对的地方，也不要直接指出孩子的错误，而应该循序渐进地引导。比如，可以说："今天的生字还写得挺工整的，但是有一点小小的错误，你自己先看看，是哪里写得不对。"或者在有错误的地方给孩子一个小标记，让孩子自己找出来。

三年级以后，要重点检查孩子做题时的解题思路是否正确，数学列式是否符合要求等；可以先让孩子自己检查一遍，等确认后家长再检查；培养孩子对自己负责的态度，同时培养孩子细心和认真学习的习惯。

我个人特别不赞同父母辅导孩子做作业，一旦发现孩子有错误或者字迹不工整就在一边帮孩子涂涂擦擦，一边还要责怪孩子："怎么字写得这么难看，你能不能认真一点？"在这样的氛围下，孩子能愉快地学习吗？辅导孩子做功课要讲究方法，要学会引导孩子，一点点指引孩子，让孩子通过自己的努力得出正确答案、纠正错误。当孩子解出正确答案时，要给予鼓励和夸奖，增强孩子的自信心。

家长千万不要越俎代庖，承包孩子的家庭作业，这样不但会使得孩子的学习成绩下降，更不利于培养孩子的自主性，使他以后一遇到困难就会想到父母，不会自己解决问题。

10岁左右的小朋友好奇心非常强烈，对于身边的一切事物都有一定的兴趣，一块橡皮也可以玩上半天。那么，如何用一些科学的方式引导孩子学习呢？我推荐几个小方法，可以试试。比如激励法，家长发现孩子这次作业比上次的错题少了，就可以给他一个小小的奖励，如一起到郊外远足、去游乐场等。家长给孩子设定一个能够激发他学习热情和动力的小目标，孩子会更有兴趣参与学习。

还有"劳逸结合法"。家长给孩子确定做每项作业的时间，但是时间要合理一些，注意劳逸结合，第二次碰到类似的作业可以适当缩短时间，并向孩子明确地说明做作业是自己的事情，要自己完成。总而言之，不管孩子遇到什么样的问题，我们都要多一些耐心，不要总是责怪孩子。家长才是对孩子影响最大的人。

第二章　学习问题：每个孩子都可以闪闪发光 | 69

9. 6 岁孩子的幼小衔接怎么做？

【情景案例】

由于出生月份晚，儿子 6 岁多了还在读幼儿园大班。本来就比同龄孩子晚了一步，为了下半年他进入小学后能很快跟上老师的节奏，我给他定下了每天认 3 个字、写 4 排拼音、做 2 页数学题的计划，加上英语、主持、珠心算等课外兴趣班的作业，孩子从幼儿园回家后的任务量也是满满的。

每天回家的路上我都会跟孩子约定："妈妈做饭的时候，你就抓紧时间把该完成的作业做了，这样我们就有大把时间一起玩了。"他每次都答应得好好的，可一回到家就开始耍赖。原本半个小时就能完成的作业，在他的磨蹭、哭闹，我的吼叫、愤怒中耗了两个多小时才完成。也是因为写作业，我和孩子的亲子关系越来越不好。

博士妈妈的话：让孩子"自然而然"地爱上学习。

从孩子的身心发展规律来讲，从幼儿园大班、幼小衔接到小学一年级，孩子的身心实现了特别大的跨越，父母更加需要调整好心态。我特别强调的是，学龄前最重要的其实不是学到什么，而是学习意识和学习习惯的培养。孩子在 6 岁以后，父母一定要逐渐培养孩子良好的学习习惯，包括学习时间如何分配、时间观念的养成、学习累了之后要用怎样的方式调节等。

很多父母不顾低龄孩子的专注力特点和心理特征，不仅强迫孩子学习，还让孩子长时间学习，从一开始便扼杀了孩子的学习热情，这也是很多孩子讨厌学习的直接原因。所以家长特别需要调整好心态,给孩子留出做喜欢的事情的时间,在轻松的氛围中跟孩子交流。

孩子爱玩不爱学习,这其实也是孩子的天性使然,所以,父母必须在正确的认识下理解孩子的"不专心"行为。爱玩是所有孩子都存在的表现,而不是只有你家孩子特别缺乏专注力,或者有"厌学症"。认识到这一点,父母才能给予孩子更多的同理心和宽容心。

学习就是游戏,游戏就是学习,学习的方法有很多种。在日常生活中,我们也有大量的学习机会,作为父母,可以尝试在游戏中培养孩子的学习兴趣。比如说数学,做几页数学题孩子感觉很枯燥,那么可以采取一些游戏的方式,比如数筷子、拿图片等游戏。

孩子越能从小时候起做到"自然而然"地学习,未来越受益。

10. 孩子学什么都3分钟热度，怎么办？

【情景案例】

我女儿今年8岁，性格偏内向，在外有些胆小。她6岁时，见到幼儿园有的小朋友学钢琴，她也要学。我就给她报了钢琴班。她学了两年半，现在一点儿兴趣也没有了，上课需要催着才去，在家里根本不碰钢琴，100节课还剩20多节，根本上不完。

后来，她又要报美术课和书法课，我让她只选一个，她都要报，也只好给她都报上了，也没坚持多长时间就没兴趣了。现在暑假，她看有同学跳舞跳得好，又想报舞蹈班，可我担心她又是三分钟热度，而且长期这样学什么都半途而废，长大了可怎么办？

📣 **博士妈妈的话：发掘孩子的兴趣，唤起孩子的热情。**

孩子做事往往就是凭兴趣，但大部分由兴趣引发的事情经过一段时间的重复后，就会心生倦怠，想要放弃。孩子还小，他们只知道一时的新鲜与兴趣，对长久坚持下去的价值和意义并没有直观感受，所以在预备学什么前一定要和孩子充分沟通，说好规则，不能轻易半途而废。在他们坚持不下来时，家长要为孩子掌握好方向，合理引导孩子坚持下去。

家长平时要多陪伴和鼓励孩子，对孩子的点滴进步都要看在眼里并及时地表达出来，注意不要用空洞的词语去表扬孩子，要表扬就说到实实在在的地方。比如说绘画，你可以说："宝贝，你今天上的色彩看上去比昨天的舒服多了，好棒！"这样既鼓励了孩子，又指引了他要努力的方向。当孩子遇到困难想要放弃时，家长不能轻易同意，可以让孩子放慢进度、适当休息，了解孩子的困难在哪里后再想办法一起克服。

家长还可以尝试"目标细分法"，把最终大目标细分成一个个阶段目标，让孩子一步一步慢慢走，这个过程不会让孩子太疲惫，也能让孩子在每一个小阶段都体会到不同的乐趣。

家长要多给孩子展示自己才艺的机会，比如鼓励孩子参加培训班的各种汇报演出活动，当观众变成孩子的同龄人时，孩子能在舞台中心"嘚瑟"自己的努力成果，这对孩子来说是非常重要的强心针。而且，同龄的孩子之间喜欢互相竞争，距离优秀同伴越近，越能激发孩子的好胜心。如果能结交到有共同兴趣的同伴一起学习，孩子会体验到更多乐趣，也更容易坚持。

平时在和孩子聊天时，家长还可以讲讲自己在工作中怎样不屈不挠，让孩子知道：爸爸妈妈做事能坚持，那么自己也不能放弃。

很多家长会问：我的孩子兴趣一直在变怎么办？这个问题的确很普遍，也很正常。但在孩子放弃之前，我们需要保证他是花了时间努力尝试的，他清楚自己为什么放弃，而不是因为学不会、被老师批评了而放弃。人生做选择很正常，但有的东西一旦开始了，至少要完成一部分，有个漂亮的收尾。

对于孩子来说，把兴趣坚持下去不是一件很轻松的事情。作为家长，我们都希望孩子快乐地成长、成才，但那并不意味着孩子可以随心所欲。倾听孩子的兴趣，唤起孩子做某件事的热情；尊重孩子放弃的选择，但更要鼓励孩子善始善终，这些会让孩子受益终生。

11. 家长该如何接受孩子的平庸？

【情景案例】

某高校副教授"吐槽女儿"的视频在网上走红。

这名副教授说，他6岁就能背整本《新华字典》，是远近闻名的神童。他的夫人也同样是著名学府毕业的高才生。然而，他们的女儿却完美地避开了夫妻俩的学霸基因，在"学渣"的路上越跑越偏。他说："不管你多么优秀，你的孩子大概率都是一个普通人，要认识到这一点并且学会接受，这对谁都好。"

但是，有人却怀疑，高才生夫妇怎会培养不出优秀的孩子？还有人质疑是不是家长的教育方式出了问题。我们该如何接受自己的孩子不如自己？

📢 **博士妈妈的话：让孩子成为最好的自己便是不平庸。**

中国有句老话叫"老子英雄儿好汉"。在这种观念影响下，自身非常优秀的父母接受不了孩子的平庸，很大程度上是因为受不了周围人的看法和议论，觉得非常没面子。成功的父母希望通过孩子延续他们的辉煌；平庸的父母希望通过孩子改变他们的命运。我们会下意识地把孩子当作自己生命的证明和延续。

但一个不变的事实是，社会上绝大多数人注定是"平凡人"，像马云、马化腾那样的成功者毕竟是极少数。而且，根据英国生物学家高尔顿的研究，父母非常优秀，孩子也优秀的概率会比较低，这在遗传学上已经由"回归效应"得到了很好的印证。

所以，孩子虽然经由父母来到这个世界，但基因重组之后，他成为一个全新的、独立的个体。平庸还是不平庸，父母说了不算，孩子才是唯一有权力对自己做出定义的人。

我们要接受孩子终将成为一个普通人的事实，但并不意味着我们可以让他自由放任，更不意味着我们就应该消极地应对孩子的教育和未来。一个人的优秀有很多方面，成绩和分数绝不是衡量孩子的唯一标准。

孩子不是只有考了第一名才算不平庸。孩子获取知识和技能也很重要。参加舞蹈比赛没有拿到好的名次没有关系，锻炼上台的勇气和经验也是很大的收获。

台湾作家龙应台说："如果我的孩子能够平安而且快乐，不管杰出不杰出，我都已经很感谢了，所谓的'成功'好像真的不重要。我可以接受我的孩子'平庸'，重要的是他们能找到人生的意义。"

在孩子学习、成长的过程中，我们最应该注重的是发现孩子的进步。给孩子创造积极的学习氛围，让他在鼓励中成长，他才会一步步向前走；不要拿他跟其他的孩子做比较，父母口中的"第一名"和"别人家的孩子"成了他永远攀不上的高峰，久而久之，他就会失去学习的兴趣和自信。发现孩子的进步，才是让孩子"不平庸"的关键。

人生是一场马拉松，贵在途中的坚持，起点抢跑一般很难取得太好的成绩。不要以平庸为理由而放弃对他的期望，要用心了解孩子，找到最适合的方法，让他成为最好的自己。

12. 用劳动惩罚厌学的孩子对吗？

【情景案例】

有这样一个视频：一个读小学四年级的男孩多次未完成作业，爸爸让他担粪体会劳动的艰辛。视频中，孩子一边哭一边担着粪桶，旁边的爸爸问："是读书辛苦，还是担粪辛苦？"孩子就抽抽搭搭地说："担粪辛苦。"整个画面让人忍俊不禁，视频很快上了热搜。王先生自称教育效果还不错，现在儿子每天会自觉完成作业。不少网友也很认同王先生的教育方法。

实际上，这样的教育方式一直都有流传。很多父母看到孩子不爱学习就会让他去体验艰苦劳动，比如工地搬砖、街上捡垃圾、家里洗碗等，但真的有用吗？这样做对孩子实际的督促作用有多大呢？

 **博士妈妈的话：制造劳动恐惧逼迫孩子学习不可取**

实际上，我是不太赞成这种教育方式的。孩子不爱学习，有多方面的因素，无论是受制于心智，还是能力，需要的都是具体的帮助，而不是惩罚。父母要分析原因，看看孩子是在基础知识、学习动机、学习目标、学习习惯、学习方法、主动性等哪些方面出现了问题导致不爱学习了，找到问题以后再"对症下药"。

用劳动去惩罚孩子，把学习和劳动对立起来，等于告诉孩子劳动是卑贱的、不好的，这只会让孩子更加看不起劳动。当然，可能这本来就是父母想要的。但父母想过没有，如果孩子真的感觉劳动比上学更容易一些，宁可选择劳动而不去学习，父母又怎么办呢？

　　曾经就有媒体报道，广东梅州一位妈妈发现上初中的儿子不愿意上学，就带他到工地抹水泥，希望孩子能体验到生活的不易，认识到读书的重要性。哪知孩子在工地辛苦干了1个多月，半句怨言都没有，并且水泥活儿还越干越好了。最后，这个妈妈束手无策了。所以，通过对劳动的恐惧逼迫孩子学习无法达成让孩子爱上学习的目的，即便暂时被动学习了也是不可持续的，甚至会让孩子更加厌学。因为如果没有学习这件事，孩子也就不会受到惩罚，孩子会把自己受惩罚的原因归咎于学习本身，对学习更加痛恨。

　　你要相信，孩子是天生的学习者，对未知领域的探索和好奇是人的本能。但为什么孩子会丧失对学习的兴趣呢？是我们的教育过程把孩子的好奇心、想象力慢慢压抑了。我常说，兴趣是最好的老师。作为家长，我们要激发孩子的好奇心，增加学习的趣味性，驱动孩子的内驱力，让孩子真正爱上学习。家长只有在孩子学习过程中及时给予支持和鼓励，才能帮助他始终保持对学习的热情和兴趣。"父母之爱子，则为之计深远。"让孩子爱上学习，不是简单的劳动惩罚就可以一步到位的。

　　另外，家长要鼓励孩子多参加劳动，让孩子懂得劳动本身是光荣的，劳动者值得尊敬。学习本身也是劳动，一个热爱生活、热爱劳动的孩子，学习是不会差的。

13. 孩子爱刷短视频，沉迷"低级快乐"怎么办？

【情景案例】

如今刷短视频来打发时间，成为很多人的一种习惯。孩子平时上学，刷短视频的机会少，可是放假以后，如果父母或亲朋好友有刷短视频的习惯，那孩子很大可能一个暑假就浸泡在短视频的环境里了。短视频确实给人们打造了一个快乐的世界，也能放松紧张的情绪，但是刷完这些视频，我们又记得什么呢？长时间浸泡其中，只会白白浪费大量时间。大人尚且如此，孩子处于成长发育过程中，自控、自律、判断力都未成熟，更容易沉迷其中。那么，如何让孩子远离这种"低级快乐"呢？

博士妈妈的话：如果孩子刷短视频停不下来，那就是上瘾了。

人民日报曾发布过《中国美好生活大调查》的视频，得出一个重要结论："刷短视频成'杀时间'的第一利器。"为什么短视频会让人如此沉迷？

很多人都说，短视频内容直白搞笑不费脑，让人感觉放松、快乐。那些软件开发者利用推荐算法，推算出你喜欢的内容并不停地向你推送，让你源源不断地产生"即时快乐"，通过这种方式把你"捆绑"在短视频上。

从心理学角度分析，短视频会使大脑中的多巴胺分泌量激增，令人产生愉快感、幸福感，出现"行为上瘾"。这种"上瘾"和物质上瘾（比如药物、酒精等）的生理机制是相似的。

成人尚且如此，如果孩子长期处于这种靠放纵获得的短暂快乐中，就会对生活中那些需要付出努力才能获得快乐的行为，如读书、运动、学习等失去兴趣，更糟糕的是，长此以往，孩子会逐渐失去深入思考的能力。而且孩子的大脑正处于发育期，刷短视频也可能导致情绪失控、暴躁易怒等。

孩子沉迷"低级快乐"，其实很多时候根源在家庭。孩子接触社会少，兴趣爱好不多，放假窝在家里无所事事，加之缺乏父母的引导，朋友交流也很少，现实生活中被关注、被肯定的需要没有得到满足，就容易沉迷短视频、直播、游戏等。

所以，不要指望孩子能自觉远离这种"低级快乐"，父母需要适时进行干预和规范。我建议，6岁之前，父母尽量不要让孩子接触手机等电子产品，就算是用也要删掉游戏、短视频平台等娱乐App；6～12岁，可以与孩子协商，规定玩手机的时长、次数，并且严格立下使用规矩，孩子越小，越容易培养自控力；12岁以上处于青春期的孩子，一般自我意识变强了，父母要以引导教育为主。

此外，家长自己一定要以身作则，不要沉迷于短视频、肥皂剧等"低级快乐"中，假期要多带孩子感受生活，尽量给孩子提供一个积极向上的生活环境，帮助孩子发现和培养兴趣爱好。如果孩子的现实生活足够有趣丰富，他就不会沉浸在刷短视频的"低级快乐"里了。

14. 天天上网课，家长和老师怎么配合效率才高？

【情景案例】

因为疫情，一些学生不得不在家里上网课。网课是个新鲜事，家长好奇，学生更好奇，开始时大家都热情高涨，但是，随着上网课的时间越来越久，家长们也陆续开始上班，每天配合孩子上网课的耐心早已消磨殆尽。而一些孩子的网课早已上得"身在曹营，心在汉"，上网课时偷看动画片、玩手机、吃零食，各种小动作不断，让家长大伤脑筋。

而老师看到孩子完成的潦草作业，也是很无奈。实际上，网课学习累的是老师，苦的是孩子，真正考验的还是家长。每个家庭的情况各不相同，但面对同样的课程学习、同样的作业要求，家长应如何让孩子顺利度过这段特殊的学习时期呢？

 博士妈妈的话：家长需要配合好老师。

网课上到这个阶段，无论是老师还是孩子和家长，都有些疲劳了。但教育本就是一项长期的、艰巨的、无任何捷径可走的工程。上网课也是最公平的试炼，试的不仅仅是孩子，还有家长，一分耕耘一分收获。所以，家长还得打起十二分精神，陪孩子走过这段特殊的学习时期。而且我认为，目前家长最需要做的就是配合好老师工作。

比如，有的老师会要求家长用孩子的上网课照片打卡。即便在家里学习，我们也要让孩子有上课的仪式感，比如要给孩子提供单独的学习空间。

孩子上网课时要把书本用品准备好，桌上再没有其他东西。家长不能给孩子"玩东玩西"的机会。

上网课时期，交作业的形式由纸质变成了图片、语音、视频，给家长的确带来了不少麻烦。一本作业要拍好几张，一天下来要拍好几十张，还要逐张上传，家长有时难免会应付了事。但请想一想，一个孩子几十张，到老师那里是多少张？一个班几百张，带几个班的老师就是几千张！且收到的图片还有正的、反的、歪的、倒的等，其实，老师的要求并不高，只要拿出对待自拍的态度来拍孩子的作业，就是对老师最大的尊重。

认真记录老师对孩子作业的评价，或者老师在班级群里的统一答疑纠错，比对自己，有则改之无则加勉。做到这些，你就是最配合老师工作的家长，也是最能管理好孩子的家长。

网课学习期间，老师每天布置的虽然只是几项常规作业，但若想圆满完成，必须有针对性地制订学习计划。对于低年龄段的孩子来说，可能需要家长更多的协助，家长该伸援手就要伸援手，每天晚上，和孩子一起把第二天要学的课程内容大致梳理一下，共同拟订计划。对于高年级的孩子来说，家长可以让孩子自己管理学习，注重培养孩子的自律能力。家长不要"插手太多"，上课孩子自己应该认真听讲，作业应该自主完成，家长对于孩子学习的督促，主要就是查漏补缺。你不是一个人在战斗，家长现在的每一分责任心，都会是孩子优秀的底气。

15. 鼓励式教育和打击式教育，哪种更有效？

【情景案例】

在一部分父母的眼中，孩子是可以骂醒的。他们奉行打击式教育，总觉得在持续不断的打骂当中，孩子会变得越来越优秀，甚至越来越有抗挫能力。即便孩子表现得不错，他们也不会夸赞，甚至还要挑毛病"打击"一下，认为这样孩子才不会骄傲自大。

还有的父母奉行鼓励式教育。这种教育方法以激发、勉励和鼓励为原则，简单来说就是在孩子成长过程中多鼓励、少否定、多包容、少责骂。但一味地顺着孩子，片面地进行"鼓励式教育"，也会带来不好的影响。那么，鼓励式教育和打击式教育，哪种更有效呢？

博士妈妈的话：要批评教育，而不是打击和贬低孩子。

打击式教育美其名曰"激将法"。在互联网上，人们有时会把打击式教育称为"亲子关系中的PUA"（PUA是英文"搭讪艺术家"的缩写，现在演变为一方对另一方情感控制的代名词）。这种家庭教育模式在中国并不少见。

从短期看，打击式教育对有些孩子当下会起一些作用。但长期来看，家长很容易形成一种惯性。父母总会下意识地将孩子放置在一个下风口的位置，一旦孩子有任何言行举止不符合自己的预期，就会义正词严地否定、贬低，全然不顾孩子内心的真实想法。久而久之，孩子会陷入一种自我怀疑的状态，好像自己真的样样不行，最后给自己贴上"无用"的标签。

在这种教育方式下成长的孩子因为从小自信心受挫，周围的打击在他心里留下了不可磨灭的阴影，长大后容易自卑，内心脆弱敏感，会对周围的一切事物感到不安。客观地说，人的成长中，批评是需要的，但批评并不等于打击。教育孩子应该就事论事，错了就批评，做得好就表扬，衡量的标准应该是原则问题，触及原则，多小的事情都应该批评；相反，没有触及原则的事情就应该鼓励。

如果孩子总是听到："你怎么这么笨？这个你都不会？""你看看谁家的孩子比你厉害多了。""真没用，你比我小时候差远了！"……试想一下，你的孩子还会反思他犯的错吗？更多的是被伤害性言语激起的愤怒、逆反和被伤害的感受吧。所以，有人说，打击教育只有打击，没有教育。

实际上，人天生喜欢听赞美，希望被认同。成功学大师卡耐基曾说过这样一句话："当我们想改变别人的时候，为什么不用赞美代替责备呢？纵使只有一点点进步，我们也应该赞美他，只有这样才能激励他，不断地使他改进。"现在大家都懂"好孩子都是夸出来的"，因为只有如此，孩子的自信心和自尊心才能很好地被激发出来，学习和奋斗的动力才会更足。不要担心孩子会被夸"坏"，只要你该夸奖时夸得"合情合理"，该批评时能就事论事，把握住教育的度，孩子就能健康成长。

16. 你会支持孩子"不务正业"的爱好吗?

【情景案例】

中国战队 EDG 获得 2021 英雄联盟全球总决赛冠军。这在互联网上掀起了"热浪",也让很多 70 后、80 后感慨不已。电竞这项曾让很多家长视为"洪水猛兽"的娱乐运动,如今已被主流社会认可和接纳。

队员李炫君的母亲陈春丽在为儿子祝贺的同时,也感慨地说:"我支持儿子参与电竞比赛,也曾担心误了儿子一生,是儿子的执着让我改变了对电竞的看法。"这条登上热搜的新闻也引发了网友的广泛讨论,有人为李炫君母亲开明大度的做法点赞,也有人认为,李炫君能在电竞上取得成绩,天赋和努力缺一不可,并不是大多数普通孩子可以复制的成功之路。实际上,在现实生活中,不管孩子玩电竞还是玩其他项目,只要没把心思放在学习上,在许多家长眼里就是"不务正业"。

博士妈妈的话:给孩子一些时间"不务正业",未来或许更精彩。

谈起这个话题,我首先想起了《让天赋自由》的作者、TED 排名第一的演讲人、知名教育家肯·罗宾逊说的一段话:"没有人能准确预测未来的面貌,迎接未来的唯一办法,就是'找到个人热情与天资结合之处'。在自己热爱且擅长的领域发展,便能有更高的成就并实现自我,借以培养更强的应变能力。"

什么是不务正业的事情呢?我觉得就是一些家长认为的,所有需要占用学习时间的事情。这些家长在内卷中过度放大了学习的重要性，将学习视为孩子某个人生阶段要付出120%的精力去做的事，而排斥孩子有其他爱好，并把孩子钻研爱好的行为斥为"不务正业"。实际上，有时候正是这些"不务正业"，才成就了孩子不一样的人生。这样的例子其实很多。比如，歌手毛不易原本是学医的；科幻作家刘慈欣原来是电脑工程师。

不仅他们，泛化到科技界乃至社会，这种现象也普遍存在：爱因斯坦没有专门学过数学，比尔·盖茨是法律系的学生……孩子未来会过怎样的人生，我们其实无法简单下结论。所以，不要用你的眼光局限孩子的未来；不要用你的经历制约孩子的格局。成功的路有千万条，不要逼着孩子往一条路上挤，最后使孩子变成了应试的机器。所有的教育最终都指向自我教育，发展出孩子自我驱动、终身学习的能力，比考100分重要，也有价值得多。

那么，对孩子的爱好就应该无条件地支持吗？我认为无条件的支持不是孩子想怎样就怎样，而是父母可以引导孩子探索自己真正的需求，倾听和尊重他们的需求，并且为孩子创造安全的探索空间。其中，最重要的平衡是：一方面，父母要放下自己的意愿和"望子成龙"的心态，用同理心去理解孩子的需求；另一方面，父母能帮助孩子探索可能的选择和边界。学习不等于放弃爱好，爱好也不等于抛弃学习，我们要做的是帮助孩子做好时间分配，如怎样把精力分配在这两者上，各自占比多少。

家长要做的最重要的一步是在亲子关系中主动后退一步，不是完全放手不管，而是跟孩子分析利弊，然后把最终的决策权交给孩子。虽然不是每个孩子都能成为刘慈欣、李炫君，但每个孩子都有追求爱好的权利，希望每个孩子都能从自己所爱的事情中获得源源不断的兴趣、创造力、想象力，还有无穷尽的对世界的美好印象，希望每个孩子都能为自己的爱好拼一把。

第三章
心世界：读懂孩子的心很重要

"女孩的心思你别猜,你猜来猜去还是不明白……"这是一句曾经很流行的歌词,但现在,我要说的是"孩子的心思你要懂"。

每个孩子都有不一样的个性,比如有的孩子冲动、易怒、爱打人,有的孩子胆小、怯懦、不爱上学,有的孩子很大了还吸吮手指头……孩子身上的这些情况到底是先天的,还是后天教育不当导致?家长应该如何干预并纠正不良行为?在儿童成长教育方面,父母有良好的教育愿望是不够的,只有了解儿童的心理发展特点,掌握儿童的心理发展规律,才能更好地陪伴孩子成长。

孩子的心思像湖水,清澈但并非能一眼望到底,孩子的每一种行为、每一句话背后可能都有隐情。

比如,小一点的孩子突然间变得很黏人、爱搞恶作剧了,那可能是他在寻求你的关心和关注。上小学的孩子故意撒谎、偷钱甚至逃学了,那可能是他的合理需求没有被你满足……了解孩子的心理才是正确教育孩子的前提。

苏联作家高尔基说:"单单爱孩子,这是母鸡也会做的事。可是善于教养他们,却是一桩伟大的公共事业。"

孩子在成长过程中有各种各样的问题,想用千篇一律的爱解决形形色色的问题显然不行。现实中很多活生生的例子告诉我们,对于问题孩子,不合适的爱只会让他们"病情加重"。

在许多家长看来,学生上课不听讲就是"不想学";不好好写作业就是"没有认识到学习的重要性";不守纪律就是"成心捣乱";"早恋"就是"思想复杂";成绩一下降就是因为"松劲"了。总之,他们想当然地把所有的问题都简单地归结为孩子觉悟问题、道德问题、认识问题、是非问题,好像只要"认识"提高了,一切问题就解决了。实际上并不是这样。孩子的许多问题背后,可能更多的是心理问题或者能力问题,心理问题和能力问题靠一般的思想教育方式是解决不了的。正如一个医生治疗病人需要看见病人，并找到发病的原因一样，如果我们想教育好一个孩子，需要看见孩子，并找到孩子行为背后的原因。

2018年，有一项针对北京、上海、广州等地20多所中小学校的问卷调查显示，我们眼中的孩子其实并不是他本来的样子，我们要想找到真正的原因，就必须走进孩子的心里。

比如，有些家长喜欢将自家孩子跟别人家孩子做比较。孩子真的喜欢这样吗？在这些调查中，很多孩子在接受采访时说："如果我是家长，肯定不对孩子说'你看别人'。"可见，孩子并不是抵触父母的管教，只是不希望自己像"奴隶"一样被动地接受别人的管理。他更希望父母能像一个有经验、有智慧的朋友，和他并肩战胜困难，同时尊重他的独立性。

如何走进孩子的内心？我想提出两个关键词。一是自我成长。在教育孩子的同时，父母的自我成长最重要。不要以为事业很成功的父母就一定很会教育孩子，我见过很多成功的商人、学者、艺术家等，他们成就斐然，但面对不服管教的孩子却束手无策，甚至一败涂地。这些家长忘记了家庭教育知识也是一门很重要的课程，忘记了应该多研究孩子的成长规律。

孩子在不断地成长，只有客观、全面地了解各年龄段的孩子有什么样的特点，学习、观察并借鉴，父母才能用适合孩子发展特点的方式来教养孩子。

孩子的问题就是父母的问题。父母应该常常反思自己是否真正接纳孩子，控制情绪的能力是否有所提高，并随时充实自己，通过书籍、课程让自己处于进步的状态。这样一来，父母才不会读不懂孩子的心，亲子关系才能亲密无间。

二是学会倾听。现在的父母，一个最大的通病就是常常去听别人讲别人的孩子，然后再回过头来否定自己的孩子，却很少去倾听自己孩子的心灵之音。比如爸爸妈妈常对孩子说，××家的孩子考上了重点大学，或是××家的孩子不但聪明还很乖很听话，但是你却不如人家做得好……这样做，不仅打击了孩子的自尊心，久而久之，孩子还会在心里对你产生习惯性排斥。

所以，学会倾听的第一步是欣赏孩子，不随意拿孩子和别人家的孩子做比较，让孩子充分依赖和信任父母。接下来给孩子创造一个民主的、想说、敢说、愿意说的环境，充分给孩子表达的机会，以"期待"的态度面对孩子的表达，学会和孩子共情。在孩子的成长道路上，父母既是孩子的老师，又是孩子的朋友，不要把自己摆在高高在上的位置上，要尝试和孩子平等交流。

"妈妈知道，你这样做是有原因的。你告诉妈妈好吗？妈妈愿意听。""让妈妈猜一猜，是不是因为……"这样的交流能让孩子知道妈妈是懂得他的心的。久而久之，和谐的亲子关系就会建立起来。

语言是交流的窗户，只有让孩子敢说、愿意说，你才能更多地了解孩子的想法。诸如"闭嘴""不许插嘴""胡说八道"这样堵住孩子嘴的话，千万不能说。

现代社会需要懂教育的智慧型父母！智慧型父母的主要特点是：能够运用现代教育学、心理学等知识，冷静分析孩子在成长过程中出现的问题，从孩子的个性出发，寻找恰当的科学方法，引领孩子健康成长。

1. 孩子好像有"恋物癖",需要干预吗?

【情景案例】

我家孩子今年5岁,男孩,好像对旧东西情有独钟。他喜欢一个奥特曼的玩具,那是他两岁时我买给他的,不管是吃饭、睡觉,还是出去玩都不离手。现在它又脏又破,我们担心不卫生,几次劝他丢了买新的,孩子就是不肯。前几天,我趁他晚上睡着时,偷偷把那个破玩具处理了。他发现后很生气,还朝我大吼大叫,怎么都哄不住。我想这孩子是不是有点"恋物癖",这种情况需要干预吗?

博士妈妈的话:"恋物"本身不可怕,"恋物"的源头才值得关注。

在成长过程中,每个孩子或多或少都会对某种物品产生一定的依恋。有的孩子"恋"纽扣,有的孩子"恋"小毛巾、小被子或者小玩具熊。他们熟悉这些物品,经常会对这些物品产生成人难以理解的关注和依赖。不可否认,有的玩具很可爱,摸起来很舒服,孩子会格外喜欢。在他们眼里,这些物品就像一个熟悉的"老朋友",但如果孩子依恋物品到了某种偏执的程度,就要引起注意了。

此前,媒体报道过厦门一个两岁的小朋友对烧水壶有特殊的情感,无论走到哪里,他都会提着这个水壶,不管是吃饭还是睡觉,家人只有等他完全睡熟了,才能把水壶从他的手里拿下来。第二天早上,他醒过来的第一件事就是找水壶,如果不给,就大哭大闹。

其实，这就是心理学上所说的"恋物癖"，这些物品是孩子安全依附关系的寄托。具体的表现有：不管多旧多脏，孩子都"不离不弃"；每天都要带在身边，不管吃饭还是玩耍，一刻也不离身；喜欢摸和闻，拒绝换新的，即便是一模一样的也不行。"恋物"本身不会对孩子的成长产生消极影响，而"恋物"的源头——安全感的缺失才是父母必须时刻关注的。孩子的特异行为是在提醒家长，要重新审视自己和孩子的关系了。

许多父母因为工作的原因，真正陪伴孩子的时间比较少，所以孩子就会把自己对父母的感情转移到自己喜欢的物品上。所以，建议爸爸妈妈从孩子的安全感着手，为孩子创造一个开放、温暖、互动的家庭环境；平时多和孩子一起做他最喜欢的事情，多抱抱、亲亲孩子，让孩子变得更加自信。孩子只有自身有了安全感，才会慢慢地与"依恋物"分离，真正变得独立起来。

孩子有"恋物癖"也可能源于孤独，特别是对那些已经有了交往意识的孩子而言。幼儿园里有许多小朋友，但内向的孩子不能敞开心扉交往，自己熟悉的同龄亲戚又不能时时在身边。孤独失望之余，玩具就变成了孩子的精神寄托。孩子跟布娃娃说话，跟它一起游戏、一起睡觉，享受着跟这个"小伙伴"交往带来的快乐。

如果孩子对某件物品的依赖性极大，家长千万不要强制性地干预，可以先问问孩子为什么这么喜欢这件物品，它有什么独特的地方。先倾听孩子的心声，走进他的世界，然后试着帮助孩子转移注意力，比如给孩子其他喜欢的玩具，带孩子出去郊游，参加集体活动，听音乐，等等。孩子的生活得到了丰富，其关注点就不会再局限于所恋之物。

总之，当发现孩子有"恋物癖"的时候，家长一定不要慌张，也不要强行干涉，日常的关心与心理引导才是最重要的。

2. 10岁孩子怕黑，不敢一个人睡怎么办？

【情景案例】

我儿子10岁了，却还不敢一个人睡。他从小就跟我睡。眼看孩子大了，我故意跟他分开睡，想让他慢慢适应一个人睡，可他硬是嚷嚷要我跟他睡一头，或者开灯睡觉，跟他好说歹说也没用。我也吓唬过他，如果再嚷嚷，就把他丢到卧室外面，让他一个人待着，结果他哭得稀里哗啦。我也试过先陪他睡，等他睡着再离开，可他半夜一醒来，只要发现我不在身边，就会惊声尖叫。其实，儿子并不是一个胆小的孩子，平时去游乐园最喜欢玩各种惊险刺激的项目，可就是晚上睡觉怕黑，怎么安慰都没用，这可怎么办才好？

 博士妈妈的话：孩子怕黑不是胆小，先给他绝对的安全感。

独自睡觉对大多数孩子来说都是成长中一个不大不小的考验。孩子怕黑并不是真的胆小，而是他们会把所有的事物都视为有生命和有意义的东西，特别是三四岁的孩子。而且他们想象力丰富，当夜幕降临时，窗外、床底下就是另一个陌生、未知、让人畏缩的恐怖世界，所以，孩子对黑暗和鬼怪的恐惧是正常的。

当孩子哭着说怕黑不敢一个人睡时，父母对孩子说"要勇敢一点"，或者说"没什么好怕的"，并不能消除孩子的恐惧感，和孩子共情才是最好的安慰。你可以对孩子说："妈妈像你这么大的时候也怕黑，但是妈妈慢慢地长大了,就不害怕了。"让孩子体会你是理解他的,千万不要再去恐吓孩子。

还有,我们可以给孩子看一些像《我怕黑》《我的床下有鬼吗》等相关绘本,缓解孩子怕黑的心理。

很多时候,由于种种原因,孩子可能会继续害怕黑暗,比如孩童时期在黑暗中被吓到过,看了恐怖电影,经常一个人在家里,等等。孩子对黑暗的这种恐惧更多由心理因素导致。这是一种糟糕的条件反射,一到黑暗环境中,孩子就会自然联系到危险,容易出现心跳加速、呼吸急促的症状。

如果是这种情况,建议不要坚持让孩子待在黑暗里,要先给他绝对安全的信念。家长可以陪伴孩子先在较暗的室内活动,尽量做孩子喜欢的游戏,让他放松下来,过几天适应了可以让他自己在这个地方玩一会儿,之后再选择更暗一点儿的环境,同样先陪他,再让他自己独自适应。

刚开始让孩子独自睡觉时,到了睡觉时间不要直接把孩子送到房间里,而要循序渐进,陪他读故事,陪他睡一会再走;几天之后,陪他读故事到睡着就走;再过一段时间可以试着读完故事让他自己睡。完全适应了之后,可以让他自己读故事,自己睡觉,之后慢慢地把关灯的时间提前。当然,这可能会有一个漫长反复的过程,家长一定要有耐心。

另外,我建议孩子在三岁前最好和父母分床、不分房睡,3岁以后开始尝试分房睡,当然这是推荐的年龄。家长可以根据孩子和家庭的实际情况来安排。起初分房睡时,你们睡的房门最好开着,让孩子感觉自己离父母很近。如果孩子偶尔跑过来睡也不要拒绝,可以跟孩子商量,让他和爸爸妈妈睡10分钟,再自己回去睡,或者等孩子睡着了再抱过去。总之,父母如果能够温柔、宽容,帮助孩子缓解怕黑的恐惧心理,那么孩子将会在爱和理解中渐渐养成独自睡觉的习惯。

3. 6岁孩子突然有洁癖怎么办？

【情景案例】

我女儿今年刚满6岁，以前寒假回老家由外公外婆带了一段时间，回来后发现她变得有洁癖：总是嫌脏，回家反复洗手，不跟小朋友牵手，说他们手上有细菌。

在幼儿园，有小朋友碰了她的外套，她就不肯再穿，一定要脱下来洗。幼儿园老师说她总是拿手去擦衣服，洗手打好几遍香皂，也不肯到外面去玩游戏，说地上有灰尘会弄脏她的鞋子。我也问了老人，他们说没发生什么特别的事情。我发现她异常后就跟她讲道理。她爸爸也哄她，她一洗手就拿玩具转移她的注意力，甚至还用玩具和零食"贿赂"她，可情况一点都没改善，弄得我们很紧张。孩子怎么会变成这样，我们该怎么办呢？

博士妈妈的话：找对原因才能帮助孩子摆脱对"脏"的恐惧。

孩子爱干净是好事，但太爱干净甚至发展到对于正常卫生范围内的事物都认为是脏污的，甚至感到焦虑，还强迫性地清洗，这种情况在心理学上被称为"儿童洁癖"。长期过分爱干净不仅会影响孩子正常的学习和生活，还会影响孩子的社会交往。

孩子有洁癖往往与家庭教养方式有关，有些家长自己很爱干净，对孩子的卫生要求过高、过严，过分强调卫生的重要性，逼着孩子反复洗手、不准碰脏东西等，长此以往，给孩子带来强烈的心理暗示。孩子仿效父母的行为，渐渐形成固定习惯，身上稍有些脏就得洗换，觉得处处都有细菌。

另外，年龄小的孩子如果遭遇家庭搬迁、亲人亡故、父母离异等事件或者受到惊吓引起了强烈的心理紧张和情绪波动，也可能会诱发洁癖。

那么，如何帮助孩子进行调整呢？首先，以平常心帮孩子找出洁癖的原因。如果是心理因素，那么需要缓解孩子的心理压力，让孩子的情绪保持平静，并且帮助孩子从内心认识讲卫生和洁癖的不同。如果是家庭教育过于严苛，家长需要改变自己的教育方式，适当地放松对孩子的限制，多给孩子以鼓励和关心，无条件地爱孩子。

家长平时要有意识地让孩子学会控制自己的行为，并且帮助孩子扩展兴趣爱好，多带孩子参加社交活动，多进行户外活动，鼓励孩子与不同的同龄人一起玩耍。在家里还可以进行一些"脱敏疗法"的试验，比如，故意把孩子的房间弄脏弄乱，适当带孩子玩沙土、颜料、泥土等，让孩子慢慢摆脱对"脏"的恐惧；生活中用玩具和零食转移孩子的注意力，逐渐减少孩子洗手的次数和时间，对孩子好的行为及时给予表扬和奖励。

家长要帮助孩子调整思维方式。有洁癖的孩子一般认为干净了才健康，这时可以给孩子阅读一些相关的绘本，告诉孩子细菌是人类生活环境的必要组成部分，日常接触到的很多细菌对我们的生活与健康是有益的，树立孩子正确的卫生观念和自我保健意识。

如果以上方法都没有效果，孩子的洁癖行为比较严重，你又无法帮他改变，那么应该请教心理医生，共同指导孩子改变洁癖行为。

4. 8岁孩子突然啃指甲上瘾怎么办？

【情景案例】

我家孩子今年8岁，这两个月来我发现他只要看电视就会把手指头放进嘴里，过一会儿就吐出来一小块指甲。

一开始我没在意，见到了也只是说几句："指甲那么脏，不要放嘴里。"可后来发现，孩子这种啃指甲的情况非常严重，只要闲着没事，手就不由自主地伸进嘴巴里面，睡觉前啃，写作业时也啃，就连上厕所时都不放过。

向老师了解情况之后，发现他在学校也这样，已经有好几个手指被咬得露出了肉，非常难看。

我们也想过一些办法，从一开始的耐心说教、补充维生素，再到后来的打手、呵斥，每次孩子都被训得哇哇大哭，可只要我一不留神，他又不自觉地把手放进了嘴里，我真是又心疼又气愤。这到底是怎么回事？需要去医院吗？

博士妈妈的话：从生理和心理两方面找原因，用科学的方法帮孩子戒瘾。

孩子在4岁以前喜欢啃指甲或者啃咬比较硬的东西，那可能是他在出牙期牙龈痒痒，是口欲期的表现，从生理上讲是正常的。但案例中的孩子现在8岁了，还啃指甲成癖，那就要从病理或者心理两方面来找原因了。

从病理上来说，孩子爱啃指甲是体内缺少微量元素锌，首先可以带孩子去医院检查是否缺少微量元素，然后针对性地补锌，用药物或者食疗改善症状。如果这方面的因素排除了，就要找找心理原因了。简单来说，孩子通过啃咬指甲来释放心理的压力。

父母先进行自我筛查，孩子有异常行为必然有原因，是生活上出现了问题吗？当孩子在无聊状态下生活、缺少父母陪伴或同伴交流、感到寂寞单调、身边又没什么感兴趣的东西时，他对手指的感觉会从开始时的好奇发展到无聊时变成自己的玩具，在不知不觉中就形成了这种癖好。

另外，如果孩子处于紧张、抑郁、沮丧、自卑、敌对等情绪状态，如孤独症的孩子、缺少父爱母爱的孩子、受到老师批评的孩子，都不自觉地会咬手指，其根源可能是受关注不够或缺乏安全感。还有，面对长期的学习压力，孩子无法减轻心理负担，加上父母的期望值过高，使孩子的压力增大，咬手指就成为孩子释放压力的一种方式。

所以，父母想要真正地帮助孩子克服这样的不良习惯，就应该多和孩子沟通，了解他们内心真实的想法。

同时，家长要引导孩子转移注意力，在看到孩子啃指甲时，也别说他不对，而要立即选一件事情让孩子做，比如喊他去吃好吃的，突然表示要和他做游戏，等等。总之，只要能打断孩子啃指甲的行为，转移他的注意力就行。久而久之，孩子脑中"咬指甲"的思维流程就会被打乱。

如果孩子一时半会儿改变不了这个习惯，我们也可以鼓励孩子戴上手套，或者在手上涂抹一点风油精，这样就让孩子内心有一个暗示：咬指甲嘴巴会不舒服。当然，这仅是我个人的一点小建议。总之，只要家长愿意花时间、花心思，用科学的手段了解孩子，并采取适当的办法，一定可以解决孩子咬指甲的难题。

第三章 心世界：读懂孩子的心很重要 | 97

5. 孩子为什么输不起？

【情景案例】

事情的起因是一盘象棋比赛。

周末，孩子跟他爸下象棋。为了调动孩子的兴趣，孩子爸爸连着下了好几盘，却频频"失利"，孩子的热情空前高涨。每下一城，孩子必然跑来向我炫耀，还不忘问我："妈妈，你说我是不是很厉害？"我也极捧场地赞扬他。

接着，孩子向我发起挑战。这次我没让着他，结果"双门炮"一出，我赢了。

这下孩子不干了，大发脾气，连喊"不可能，不可能"。刚开始，我还笑着劝他有胜有负很正常，再来一盘就好，可孩子不依不饶，哭闹不止，还一把掀翻了棋盘。这下我也火了，对他大吼："你就这么输不起？只会耍赖不会总结教训，难怪你什么都学不好！"我一吼完，孩子就一把推开我，一边哭一边跑回房间大力甩上了门。

我看着一地狼藉气得不行，心里忍不住想，我只是想让孩子有风度地"输得起"，我错了吗？

🔊 **博士妈妈的话：爸爸太"左"，妈妈太"右"，孩子容易受伤害？**

在妈妈的倾诉里，我们看到其实这对夫妻对孩子的教育是一个太"左"，一个太"右"。爸爸为了让孩子高兴，故意盘盘都输给他，不跟他讲下棋的原则和规矩，让孩子一开始就对下棋没有规则的概念，并滋生了骄傲自大的心理。

而妈妈的做法又太过"右"了，过于心急，孩子本来以"常胜将军"的姿态兴致勃勃地向你发起挑战，你一来就给他一个"下马威"，孩子心里怎么承受得了，他"大发脾气"，是你这盆冷水泼得太猛烈。妈妈想让孩子知道下棋包括人生都有输赢的道理没错，但也要学会慢一点来。

通过这件事，爸爸和妈妈都应该认识到，鼓励和赞美孩子诚然都对，但千万不要忘了给孩子立规矩、讲原则，要及时调整和孩子沟通交流的方式。父母双方可以先私下沟通，沟通好后再跟孩子交流。这里特别提醒，在家庭教育中我们特别忌讳爸爸和妈妈的教育分别走两个极端，这样会对孩子产生更大的伤害。

另外，通过这个故事，我也想谈谈孩子的挫折教育问题。我们都鼓励家长给孩子赏识教育，其实挫折教育也是非常重要的。现在的父母特别愿意给孩子提供舒适的生活环境，但是生活是无情的，人生不如意事十之八九，如果爸爸妈妈对孩子过分娇纵，不让孩子有独自承受一定生活磨砺和困难的能力，那么这个孩子的心灵将来是非常脆弱的。一个孩子如果受不了委屈，经不起挫折，应对不了困难，那他成年后也不可能从容应对未来竞争激烈的大千世界。

6. 女儿追求完美，对自己太苛刻，我该怎样引导她？

【情景案例】

我女儿萱萱今年五年级，她很上进，总想在学习上有所成就。她常常制订高标准的学习计划，可是每到该做正事的时候，她就觉得异常焦虑，担心自己达不到预期，于是不知不觉开始偷懒、拖延。

从上一年级开始，她只要听不懂课就会发脾气，以致影响课堂，甚至被老师罚站；在家做作业对自己要求也很高，比如，写生字时，害怕写不好她就不肯写了；遇到数学难题，还会生题的气；写日记，老师要求把标点符号标准确，她拿不准，一会儿认为是逗号，一会儿又觉得用分号，总是擦来擦去，好不容易要写完了，又觉得擦得多了，整体不美观，就把整页撕掉，重新抄一遍，耽误了很多时间。我经常说，你已经写得很好了，就这样吧。她是绝对不听的，不达目的不罢休。看上去，孩子对自己要求高不是什么坏事，可我总觉得她这么偏执已经影响了学习和成长，我很苦恼，不知道如何让孩子正确看待自己。

博士妈妈的话：鼓励孩子勇敢，而不是苛求完美。

像萱萱这样的孩子，其实就是过于追求完美了。完美主义者因为对自己要求苛刻，对别人的要求也会非常苛刻，对于人和事物常常持否定的态度，随着这种否定态度程度的加深，他在人群中会越来越孤独。那些过度追求完美的孩子长大后心理健康状况不好，容易焦虑或患抑郁症。如果家长发现孩子有这方面的倾向，那就不要再对孩子做更多的要求了，而是要给他更多谅解，减少他的压力。当他失败的时候，要告诉他其实他已经做得不错了。具体怎么做，我提几个小建议。

首先，我推荐家长和孩子一起看看美国知名律师和政治家萨贾尼（Saujani）的演讲视频《女孩，你要勇敢而不是完美》，这个演讲曾引起很大反响。在演讲中萨贾妮表示，社会一直默认的教育方式是从小告诉女孩要完美和细心，而男孩要勇敢和耐挫，她自己一直遵从着这样的设定，直到33岁时，她第一次做了件勇敢但看似并不完美的事——参选国会议员，虽然结果以失败告终，但这件事给她带来了很多感悟，也彻底改变了她的人生轨迹与目标。通过萨贾妮的人生故事，我们可以告诉孩子，每个人都是不完美的，所谓的完美根本就没有统一的标准，所以不存在真正的完美！

其次，父母是孩子最好的老师，在生活中教孩子比单纯跟他讲道理来得更实际、更有效。我们要给孩子试错的机会，比如，让孩子做一个手工，也许不漂亮，但别具一格；比如故意穿反了袜子让他纠错；再比如，认识的字装作不认识，然后跟他一起查一查……让他学会吃生活中挫折的苦，即便是失败的结果，我们依然可以微笑着面对。

再次，可以让孩子多参加一些社会实践活动或者团体运动，比如踢足球、打篮球等。在这种团队运动中，孩子需要学会跟他的团队成员合作，需要学会接纳对方的不完美，在这个过程中，他也会感受到遇到困难时身边有好朋友支持的重要性。更重要的是，让他慢慢明白和接受自己的不完美，不是什么事情都能做到最好，要接受自己也可以犯错。

最后，我还建议给孩子更多的鼓励和肯定。不少家长对于自己的孩子是比较苛刻的，正是在这样的影响之下，孩子才会变得过于追求完美，父母不妨降低一点对孩子的要求，不要总是指责孩子做得不好，多发现孩子的优点，让孩子在赞美中找回自信。

7. 儿子胆小懦弱，怎么办？

【情景案例】

我儿子乐乐今年7岁，上小学一年级。他很听话，平时就显得比同龄孩子懂事得多，但很黏人。白天上厕所都要我陪着，到了晚上更甚。他奶奶在客厅，我在楼上，楼梯开着灯，他也不敢独自上楼，走两步叫一声妈妈，我还必须答应他。我问他怕什么，他说怕黑、怕鬼。

在学校，儿子也特别怕老师，见了老师就会把自己的脸转过去，连打个招呼的勇气都没有。为了让他改变，我软硬办法都用上了，还让他学了跆拳道，可孩子的性格还是没有大的变化，别的小孩抢了他的东西，他连要回来都不敢。孩子这么胆小，我真的很无奈。

博士妈妈的话：培养孩子的勇气，从懂得放手开始。

从乐乐妈妈的描述中，我觉得应该是妈妈陪伴乐乐的时间多一些。如果妈妈从小对孩子比较宠溺，本应该孩子自己做的事情，妈妈都替他包办，不够注重孩子独立性的培养，就会造成7岁的乐乐如今什么事情都黏着妈妈、自己不敢做的性格。

所以，我的建议是，首先让乐乐的爸爸多陪陪孩子，让爸爸的阳刚之气先来影响孩子，不要让他什么事情都依恋妈妈。父子俩可以通过参加一些有挑战性的户外运动或者体育活动，增进父子感情，在强壮身体的同时也能增强孩子的自信心。

另外，爸爸妈妈可以多带孩子参加一些朋友之间的聚会，或者让孩子多参与社区、学校组织的各种活动。团队活动对于孩子的交际能力、胆量、毅力等综合素质的培养都是有益的，而且这些活动也能分散孩子的注意力，让孩子没时间胡思乱想，也就不会总感到恐惧了。

还有比较重要的一点，父母一定要从小就让孩子独立处理小事情，比如承担简单的家务劳动，或者自己吃饭、穿衣、洗澡等。如果孩子的独立自主能力没有得到较好发展，孩子的自信心就难以通过锻炼增强，自然就会表现出胆怯的心理。

儿童教育研究表明，孩子从三四岁开始会经历一个极其重要的阶段——自主敏感期。在这个时期，孩子会抢着做一些事情，而且想按照自己的想法做事情，表现出顽皮、不听话的特点，这些都是因为孩子自主能力的发展。在这个时期，如果父母总是不让孩子去做一些力所能及的事情，一味溺爱孩子，就会压制孩子自主能力的发展，使得孩子不相信自己的能力，以致形成胆怯的心理。所以父母要多鼓励孩子做一些力所能及的事情，尽量满足孩子想要独立做事情的心愿。

总而言之，孩子的性格形成与父母的教育有很大的关系。孩子胆子小，除了有先天性因素之外，更重要的是外界的影响，所以，父母一定要高度重视，越早干预越好。

第三章 心世界：读懂孩子的心很重要 | 103

8. 孩子总说"对不起"，像"老好人"怎么办？

【情景案例】

我儿子子涵6岁，一直以来，我们都教他接受帮助要说"谢谢"，做错了事要说"对不起"。

我跟他爸爸在家里也是以身作则，我们也会向他说"谢谢"，做错了事也会向他道歉。这样做的初衷是让孩子懂礼貌。

可如今，孩子向人道歉的频率太高了，有时候事情和他没有关系，他也会很沮丧地怪自己。

前几天，他和几个小朋友在一起玩，其中一个小朋友的玩具被别的孩子抢走了，那个小孩就哭了，儿子认为他哭了就是自己的错，所以一个劲儿地道歉，我们还被那个小朋友的妈妈痛骂了一顿，无缘无故"背了一个黑锅"，这让我真是又气愤又郁闷。

每次，我都跟他说，如果不是你的过错不用道歉，可没什么效果，感觉孩子的自责感很重，我该怎么纠正？

博士妈妈的话：让孩子爱自己，才是父母要做的事。

教导孩子懂得谦让、有礼貌，这是没有错的，怕就怕过度谦让。孩子过度的谦让，只会让孩子变得没有原则、胆怯和软弱。

孩子为什么会变成这样，我觉得还是要在父母身上找原因。子涵妈妈需要反思一下，平时在教导子涵要谦让懂礼貌时，是不是都听从了子涵内心的想法，有没有强迫子涵违背自己的意愿去谦让别人。

父母无条件的谦让教育，只会让孩子习惯忍让，避免和别人发生争吵。久而久之，他们会认为自己要对别人足够好才能获得别人的喜爱，处理任何事情都抱着"大事化小，小事化了"的态度，不计较对错和得失，只知道讨好别人，以换取别人的喜欢，变成了人们常说的"老好人"。

还有的父母望子成龙、望女成凤，从小就对孩子严格要求，不允许孩子犯错，一旦孩子被老师或者他人表扬就笑脸相迎，一旦受到批评就劈头盖脸地责骂。父母长期的高压和专制的教育方式也容易使孩子形成"讨好型人格"。

这种类型的孩子十分在意别人对自己的评价，过分追求别人对自己的认可和喜欢，对自己没有自信；害怕发生冲突，不敢表达自己的想法和观点，怕被拒绝；跟别人交往时经常是一个没有原则和底线的人，即使自己已经非常不愉快也不会表现出来。长此以往，孩子就会变得越来越自卑敏感，一旦爆发，后果是很难承受的。

那么，发现孩子有这方面的倾向后，家长该怎么做呢？家长要帮助孩子提高与周围的人打交道的能力。比如，看到其他孩子想要自己孩子最喜欢的玩具时，父母要多多观察孩子，及时察觉孩子的情绪，看孩子表现得很乐意还是很纠结、不情愿，如果孩子并不情愿或是纠结，这时父母可以适当地提出自己的建议，为孩子提供一个解决方案，但是最终的决定权在孩子，只有孩子才有权力决定自己的东西如何处理。

家长要允许孩子表达自己的意愿和想法，给孩子选择和参与的机会，即使意见不同，也要跟孩子解释：为什么父母的想法更好。这样的有商有量，能让孩子感觉到自己被尊重。有自主选择权的孩子长大后才会有主见，才不会随便依附别人的想法。

父母要多发现孩子的优点，用欣赏的态度鼓励孩子。得到欣赏和鼓励的孩子自我价值感强，不会为了获得别人的赞赏而去讨好和迎合别人。

总而言之，一个人只有好好爱自己，才能更好地关心别人。让孩子成为一个会"讨好"自己的人，才是父母需要做的一件事。

9. 12岁儿子爱攀比怎么办？

【情景案例】

我儿子壮壮今年12岁，不知什么时候染上了"攀比"的毛病。五一期间，我带着孩子去朋友家玩，朋友儿子脚上穿的是价值1000多元的耐克运动鞋，身上的外套也是名牌的。我当时也没多留意，没想到一回家孩子就对我说："爸爸，这学期期中考试我要是进了班里前30名，能不能给点奖励？"我暗自窃喜：这孩子有上进心了。我希望他能提高成绩，就顺口说："行！"他顿时松了一口气，说："谢谢爸爸，到时候给我买一双2000多元的新款耐克运动鞋吧！我们班好几个同学都穿了。"

还有一次，开完家长会我开车回来，儿子就在车上对我说："爸爸，我们能不能买辆宝马？"我问为什么，他说现在他们同学家长开的都是名牌车，就我们家没有。后来我还发现，儿子跟玩得好的小伙伴经常讨论谁家有什么、没什么，照这样发展下去，他成天比吃比喝比排场，就是不比学习成绩，可怎么得了啊……

📢 **博士妈妈的话**：孩子有攀比心也不完全是坏事。

壮壮爸爸不要焦虑，12岁的孩子有攀比的心理其实是比较正常的。很多孩子在成长的过程中都会经历一个喜欢和同学比较的过程，经历跟朋友交往也要争个你强我弱的年龄阶段。这是因为争强好胜是人类的天性，孩子对于这种天性更是毫不遮掩。

孩子有小小的好胜心并不完全是坏事，通过家长、老师正确的引导，好胜心可以转化为孩子的内驱力，所以，我们要用辩证的眼光看待这个问题。

孩子在成长过程中还有一个特点：他们在某个年龄阶段比较喜欢表现自己，希望通过拥有与别人不一样的玩具、文具、电子产品等，博得周围同学、老师和朋友对他的关注，用通俗的话来讲就是喜欢显摆。这其实是孩子的自我意识增强后，开始在观察和比较中寻找自己在群体中的位置。

但是，我们也要注意，如果孩子攀比过了头，处处想比别人强，那就要加以引导并纠正了。家长不妨和孩子谈谈心，弄清楚孩子为什么要攀比，攀比的乐趣在哪里，等等，之后再去彻底纠正孩子爱攀比的习惯。

家长也可以从以下几个方面进行引导、教育，消除孩子过强的攀比心。一是要培养孩子的自信心。尺有所短，寸有所长，在日常学习和生活中找到孩子的优点和亮点，并且多表扬和鼓励孩子，让孩子从小就能认识自我，正确地看待自己和别人的优点和缺点。

比如，在孩子小的时候，当他看到小朋友有一个新玩具，就找妈妈哭闹着非要有同样的玩具时，妈妈先不要粗暴斥责，不妨先表示赞同或者共情，这样可以让孩子停止哭闹，然后和他一起探讨为什么要有同样的玩具，自家的新玩具有什么优点和特点，转移他的注意力，同时也引导孩子主动思考。经过这样一个过程，孩子不容易产生挫败感。当孩子觉得自己的玩具也不错时，他开始对自己有自信，也就不会再强求要有和别人一样的玩具了。

二是同孩子相处或者教育他们时，一定要注意方式，只讲孩子的对或者不对、好或者不好的地方，尽量避免拿他与别人家的孩子做比较。比如，有一次我去讲学，一个女孩对我说，她对妈妈最大的不满就是妈妈最喜欢拿她跟别的同学比较。如果她考了班上的第一名，妈妈也许就会拿她跟全校的第一名比，如果她拿了全校第一名，可能要拿她跟更强的对手比。所以，她后来对成绩就无所谓了，反正怎样努力妈妈对她都不满意。可以看出，这种教育方式使孩子产生了一种叛逆的心理，甚至会给孩子带来心理阴影。

　　三是家长要多陪孩子读书和旅行。读万卷书，行万里路，孩子只有见多识广以后才会有大的格局和胸怀，才会主动关爱家人和身边的人。一个有家国情怀的孩子，是不会总盯着谁有什么好的玩具，谁有什么名牌书包和衣服的。

10. 孩子爱打抱不平，是好事吗？

【情景案例】

我家孩子很有正义感，特别喜欢打抱不平。看见大孩子在欺负小孩子，他就冲上去干涉。有时还会因为打抱不平挨别人的打。前几天，他在学校看到他们班一个"小霸王"欺负女生，还用彩笔在女生衣服上乱画，当时老师不在，他就控制不住自己，跟小霸王"较量"了一番。一通拉扯，两人都把对方衣服扯坏了。他奶奶心疼他，老说："以后可别去'多管闲事'啦！"我觉得孩子有正义感是好事，可也怕他因此惹事、吃亏。我真的很矛盾，该怎么引导、教育呢？

博士妈妈的话：避免"帮倒忙"，点亮孩子的英雄梦。

每个男孩都有一个英雄梦。打抱不平，爱管闲事，一般都是男孩子的"专利"，也是孩子纯真、善良个性的自然流露。

家长可以先了解孩子打抱不平是为了何人何事，只要孩子的出发点不是自私的，动机是善良的，家长都应该表扬，让孩子发扬正直、善良、美好的品格，加强他的道德责任感，让孩子从小懂得做对他人、对社会有利的事。

但需要注意的是，孩子因为年龄小，对事情的认知度不够，不能清楚地察觉到对方的真正需要，再加上能力不足，有时会出现"越帮越忙"或"多管闲事"的情况，甚至还会因为处理不当，出现伤害自己也伤害对方、破坏性更大的行为。比如，孩子因为打抱不平和别的孩子打了起来。

这时，家长应该在肯定孩子正义感的同时，帮助孩子分析怎样更好地处理此类事情。比如，与他探讨是不是有更好的解决问题的办法，在讨论的过程中，孩子往往能冒出一些特别的想法，也许他自己就找到解决问题的办法了。家长也可以教给他：以后再遇到这种事要先讲道理，道理讲不通可以告诉老师，还可以事后寻求集体的帮助，但自己违反纪律、动手打人是不对的，等等。同时，要提高孩子的道德认识水平，帮助孩子树立正确的是非观念，使孩子学会正确处理与同伴间的问题，避免"帮倒忙"。

值得注意的是，有些父母看见孩子打抱不平挨了打，或者因为担心孩子会吃亏，就不让孩子"多管闲事"，或者对孩子说"多一事不如少一事"，用"事不关己、高高挂起"的明哲保身的消极处世哲学来影响孩子，这样的结果会使孩子头脑中的是非标准颠倒，引起孩子内心世界的混乱。在父母的指责和"教诲"面前，孩子会感到迷惘，内心会产生挫折感。这反而会影响孩子善良、正直和热情的个性，造成孩子的自私和冷漠，这是不可取的。

还有的父母只要看到孩子在外面"出了事""惹了祸"就不分青红皂白地训斥，不给孩子解释的机会。其实，把孩子遇事后表现的对与不对的成分分别开来，让孩子明白正确和错误的边界在哪里，在这样的管教下，才不会让孩子变得胆怯和怯弱，保留棱角和个性。

培养一个正直、善良、勇敢、坚强的孩子是每个家长的美好心愿。在孩子成长的过程中，家长始终应该有明确的是非观，做好孩子的良师益友，为孩子的人生点亮一盏灯。

11. 孩子爱"打小报告"怎么办?

【情景案例】

难得周末有空,我带着6岁的女儿优优去邻居家串门,进了邻居家门,凳子还没坐热,女儿就开始闹腾了。女儿委屈地说:"妈妈,大壮抢我玩具,他不给我玩积木!"

听到女儿告状,大壮也很气愤,他说:"我没有抢你玩具,都提前分好了,自己不会拼还要把我的积木给拆了!你就爱告状!"大人还没缓过神来,女儿就开始哭了。

女儿爱告状的习惯,老师也跟我提过。在学校,一旦有小朋友做得不好,她就会跑去告诉老师。不是告诉老师哪个小朋友打了谁,就是哪个小朋友把谁的东西弄地上了,还有就是谁上课不认真……我很担心,孩子长久这样下去,不仅有可能被其他小朋友孤立,对她今后的成长也不利。我该如何引导才好?

 博士妈妈的话:重视孩子"打小报告"的行为,但不要鼓励。

在孩子的成长过程中,爱告状是一种正常现象,从心理学角度来看,是因为孩子还没有形成独立解决问题和明辨是非的能力,只会采用告状这样的方法引起家长和老师的关注。其实爱"打小报告"的孩子身上普遍有一些特质,比如有较强的观察能力、渴望交流、相对弱势等。随着年龄的增长,这种行为会逐渐减少,所以,不要用成年人的道德发展水平来要求

孩子。

一般情况下，孩子"打小报告"的目的都是比较单纯的，要么是发现别的小朋友的错误，希望他能改正；要么就是寻求关注，希望家长给予自己更多肯定。孩子 10 岁以前一般会认为老师和家长是无所不能的，大人的地位要高于同伴，所以宁可得罪小朋友也会选择告状。而且，在建立规则的时期，孩子对其他人破坏规则的行为会比较敏感，老师对孩子"打小报告"给予肯定，更强化了孩子的这种行为。

但是，长期下去，却容易使孩子养成好表现、窥视别人、斤斤计较的不良心理，还会影响人际关系，成为被众人孤立和排斥的人。所以，家长和老师都要重视孩子的这种行为，正确引导他们。

当孩子过来"打小报告"时，爸爸妈妈最好认真倾听，不要不耐烦，千万不能因为觉得孩子讲的事情不重要而置之不理，这种态度容易伤害孩子的自尊心，尤其是当孩子受了委屈、有苦水向你倒时。

先站在孩子的角度和孩子一起分析问题所在，引导孩子寻找解决的办法，培养孩子明辨是非和解决问题的能力。之后，当孩子与小伙伴产生一些小冲突时，尽量让他们自己面对，合理解决。

一般来说，当家长可以控制局面时，可以适当放手，站在旁边观察孩子如何化解矛盾。这未尝不是一种纠正孩子爱"打小报告"习惯的方法。

对于爱"打小报告"的孩子，家长还要告诉他，每个人身上都有缺点和优点，应该多学习其他小朋友的优点，对于小朋友的缺点也要尽量包容，要学会处理与小朋友之间的矛盾，不能只知道告状。

当然，也存在一种情况：孩子告状只是为了获得大人的关注，吸引大人的注意力。这时,我们可以反思一下,是不是平时给孩子的肯定和关注比较少,从而导致孩子出现这样的行为。这也是在提醒家长,平常多关注孩子,多倾听孩子的想法,不要让孩子觉得自己不被重视。

如果给了孩子足够的关注,孩子还这样做,家长可以采用合理冷漠的方式处理,孩子试探几次后得不到反馈,自然就会减少这种行为。

12. 孩子做错事总找借口怎么办？

【情景案例】

我儿子今年8岁了，上二年级。我发现他从小就有个不好的习惯，做错了事从来不认为是自己的过错，会找各种各样的借口为自己开脱。他的口头禅就是"都怪你"。比如，早上起床磨蹭迟到了，我责怪他，他会说："都怪你，怎么不早点叫我起床？"学校布置的作业不提前做，做不完或者做得很晚，也怪别人："都怪你，就是你让我没完成作业的。"

奶奶忙着收拾家务忘了做饭，他不帮忙，肚子饿了就怪奶奶："都怪你，让我饿肚子。"就连喝水太烫，也怪别人没把水放凉了就让他喝。总之出了问题全是别人的错，自己没一点责任。我们屡次告诉他不要找借口，他左耳朵进右耳朵出。我很担心这样下去他会变成一个没有责任感和担当的人。

 博士妈妈的话：父母转换意识，少问为什么，多问怎么办。

孩子犯错爱找借口，有下面几种原因。首先，找借口逃避指责是人最本能的反应。当孩子犯错误，家长不停问为什么时，孩子只会寻找更多的借口，以免被罚，久而久之就会形成一种习惯。其实，当孩子犯错时，他内心也会觉得不好意思、尴尬或者愧疚。这时，指责和批评会让他本能地把焦点从反省自身转移到如何逃避和对抗这些批评上。

其次，一个经常被父母用各种各样的借口和理由保护起来的孩子，是很难产生担当与责任感的。比如，孩子刚学会走路，一不小心摔倒，奶奶赶过来使劲捶地板，并说："都怪你，让我们宝宝摔疼了。"妈妈没有按时做午饭，宝宝哭闹，妈妈就说："都怪妈妈没有按时做饭，饿着宝宝了。"家长从小给了孩子找借口、推卸责任的教育，孩子看在眼里，记在心里，自然会在心底种下"找借口"的种子，慢慢就会习惯性地把责任、过错"推卸掉"。

那么该如何正确引导孩子呢？首先，父母要转换意识。看到孩子犯错不要一开口就批评、指责，不妨"延迟判断"。如果是孩子无意识的失误造成的，不妨忽略过错，少问为什么，多问怎么办，和孩子一起想出一个解决的方案来弥补错误。比如"碗打碎了，那谁可以帮我清理一下？"这时，内心充满愧疚的孩子一定会主动说"我来"，而不是忙着找各种借口开脱自己。

如果是孩子故意犯的错，也要坚持正面教育，多鼓励、表扬，少指责、批评。首先就是要引导孩子主动承担责任。孩子责任感的形成是一个渐进的过程，需要日积月累。让孩子经历一次犯错后主动承担后果并解决的过程，也是在培养孩子敢于面对困难的决心和勇气，在孩子今后的人生道路上，碰到任何问题，孩子的思考角度都会是"怎么办"，这样孩子自然而然会变成一个敢于找出答案并且承担责任的人。

父母要给孩子做好示范，遇到原则性的事情一定要坚持原则，因为你的一再妥协，会让孩子失去了责任和担当。另外，当父母犯错被别人指出时，也要主动承认错误，反省自己，不找借口和理由，积极寻求解决方案。这种示范的作用，对孩子的影响更深刻。

13. 孩子爱炫耀是什么心理?

【情景案例】

我女儿冰冰今年6岁了,从小就很喜欢显摆,有什么好东西,恨不得马上拿出来向同伴炫耀。比如新买的衣服、鞋子,第二天就要穿去幼儿园;新玩具每次出门都要带上;学习了一首舞蹈或儿歌,出门见到陌生人都要表现一下;回农村老家见到同龄小朋友,也会吵着拿出妈妈的手机、墨镜或者车钥匙出来……孩子这么爱显摆到底是什么心理?是好还是坏?该怎么进行教育才好?

 **博士妈妈的话:要注意区分孩子是分享还是炫耀。**

爱显摆其实是孩子的一种社交表现,有时候孩子看上去是在炫耀,其实就是单纯想分享,家长要注意比较区分。比如,有的孩子拿着妈妈新买的玩具,迫不及待地要告诉别的小朋友,也可能就是想和其他小伙伴分享自己的开心。

若仅仅是为了分享开心的心情和获得关爱的幸福,这是孩子正常的表达。但孩子的社会经验几乎为零,不懂得考虑别人的感受,难免会因为无所顾忌而伤害其他人,让人产生不好的感受。如果在这个表达中,孩子用言语刺激他人,或者行为体现出攀比和爱慕虚荣,父母就要谨慎对待了。

一些家长为了不助长孩子的炫耀之心,看到孩子炫耀什么,就简单粗暴地打击批评:"行了行了,别显摆了,别的小朋友也有,比你厉害的多了去了，低调点吧！"这其实非常打击孩子的存在感和自信心，要知道无论是孩子还是成年人，都有三种基本的心理需求——安全感、存在感和价值感。

一个孩子炫耀，主要是想强调自己的存在感和价值感，父母必须先认可孩子的想法，给予足够的爱与包容。比如，当孩子高兴地向你展示、炫耀他获得的成绩时，先肯定孩子，传达给孩子自己也和他一样高兴，同时鼓励孩子继续努力。

很多孩子最初并不懂得为什么他分享自己的新玩具、新衣服，别的小朋友会不高兴、会受到伤害。他们是在碰壁之后(比如总是显摆，导致别人不喜欢跟他玩)才知道自己的行为不妥，并学会收敛的。所以，家长在发现孩子处在这种境况时，可抓住机会引导孩子在分享之前先思考：这件事适不适合与小朋友分享？会不会让别人受伤？其他人是否会和你一样高兴？孩子比较小的时候，只需提醒他们换位思考，把握分寸适可而止。慢慢地聪明的孩子就能积累同理心，在自己和他人之间找到舒适区。

同理心不仅仅是替别人考虑，更是孩子将来适应社会生活的重要生存技能。人是社会性动物，一个孩子的同理心越好，就越惹人喜欢，越容易获得良好的人际关系。生活中，家长可以带孩子参加一些分享类活动，鼓励孩子把自己的物品和小伙伴一起分享，并注意引导孩子不要炫耀，更不要说一些刺激小伙伴的话，学会善待他人，做一个富有同理心的人。

14. 孩子不敢上台表达怎么办?

【情景案例】

我孩子今年8岁,从小就特别胆小,虽然是个男孩,但总是害羞的样子。有一次,我去接孩子放学,老师告诉我班里举行了演讲活动,其他小朋友都陆续登台进行了表演,只有我家孩子待在角落里,不管老师怎么安慰,他就是不愿意上台,更不愿意当众演讲。

还有一次,我带他去参加一个朋友的婚礼,其间让孩子们上台一起表演,孩子走得还不错,表现挺大方。后来,主持人叫孩子们说祝福语,其他孩子一个接一个都说得挺好,轮到我家孩子时,他却沉默不语,后来还是我替他说了。其实,平时我们也很注意鼓励他多开口表达,也经常带他出去玩,可是,他一到公共场合就这么胆怯,可怎么办呢?

 **博士妈妈的话:孩子的世界有其建立自信的方式。**

孩子不敢在公开场合大胆展现、表达自己,有性格的因素,也跟后天缺乏锻炼有关。

研究表明,安全感充足的孩子比较容易适应环境,而安全感不足的孩子面对陌生环境会不自觉地产生焦虑和恐惧心理。在家庭中得到充分的爱的孩子,长大了就是阳光的、自信的。所以,孩子从小在父母身上是否感受到充分的爱,这点非常重要。

对于天生性格内向、胆小的孩子,家长要勇于接纳,不必焦虑抱怨,生活中尽量弱化对孩子的胆怯的在意，不要挖苦、嘲笑孩子。人在 3 岁前缺乏自我评价能力，直到 7 岁才渐渐有了自我评价的雏形，所以，家长肩负着帮助孩子建立良好的自我认知的重大责任。如果孩子怯场，也不要给孩子扣上"胆小鬼"和"没用"的帽子，一味指责只会打击原本就自卑的孩子。

实际上，无论大人还是孩子在公开场合表达或表演都会怯场，很多孩子不愿上台表演是担心失败，怕被别人嘲笑。所以，平时我们可以在生活中多开展一些讲故事、诗歌朗诵等活动，提高孩子的表达能力和自信心。舞台有大小，可以先从小舞台练起。比如在家里，先在妈妈面前表演，再慢慢地在爷爷奶奶和外公外婆面前表演，逐步推进。一件事做到熟练，并不断地得到反馈，孩子的信心也就建立了。

如果你真希望孩子在这方面有特长，也可以带孩子参加口才训练培训班，掌握一些表达方法和缓解登台表演紧张情绪的技巧。在他完成一次属于自己的小小的表演之后，我们要大方地鼓掌："这个故事刚开始你还讲不完整，但是你通过不断的努力，现在越讲越好啦！"这样，慢慢让孩子进入一个"尝试—成功—更有信心—主动尝试"的良性循环。

最后，如果孩子实在不愿上台表演，家长千万不要强求，也不要盲目鼓励孩子，否则会给孩子带来很大的心理压力。千万不要把家长自己的功利心强加在孩子身上。家长尽可能成为孩子的支持者，使孩子放松下来，鼓励他说出内心的恐惧并给予帮助，和他一起解决问题。孩子有其自己建立自信的方式，只要他能和家人正常沟通，社交没问题，就不需要太担心。在父母的恰当引导下，当孩子到了一定年龄，自然会迈出那一步。我们要静待花开。

15. 上进心强，处处争第一，是好事还是坏事？

【情景案例】

我儿子强强从小到大就喜欢争第一。现在10岁了，还是很享受当第一的感觉。考试没考到100分就很难受，而且在其他事情上也特别喜欢争强好胜。他在回答问题时很爱表现自己，虽然每道题他也是认真思考后回答的，但给人的感觉就是比较爱出风头。他也不会交朋友，和小朋友们玩动不动就发脾气。

作为家长，我也明白孩子要强不是什么坏事，但我不希望他过于看重结果和输赢，这样下去将来对他的成长很不利。而且孩子处处喜欢出风头，也会让别的孩子不舒服，不利于交到朋友。

博士妈妈的话：争强好胜是双刃剑，要引导孩子选择有利的一面。

孩子处处喜欢争第一，我觉得不能单纯用是好事还是坏事来界定。一方面至少说明孩子上进，对自己要求高。但是从另外一个角度来讲，如果孩子只注重结果，好胜心太盛，把输赢看得太重要，只考虑自己而不顾及他人的感受，长此以往，的确会对孩子的人际交往产生影响，孩子会因为失去朋友而变得孤僻、封闭自我。而且好胜心太强的孩子，往往内心装的都是胜利，所以无法承受失败，一旦某天他遭遇了挫折或失败，就会因承受不住而出现非常大的情绪波动，甚至引发心理疾病。我觉得这一点必须引起家长的足够重视。

当然，孩子成长的偏差行为背后肯定是有原因的。比如，生活中一些家长对孩子要求偏高，可能影响孩子潜意识里处处都想表现得更好、更完美，从而符合家长对他的各种要求。还有一个原因是家长的溺爱。不少孩子在家里被视为掌上明珠，家人太多的夸奖传递给孩子一个信息：自己是最棒的。长此以往，孩子在头脑中形成了一种思维定式：我是天下最好的，别人不能比我强。当同伴或家人在游戏中有一两次超过了他，他的第一反应是难以接受，表现为耍赖或强词夺理。

所以，在日常的相处中，家长不管是有意还是无意，都要慢慢引导孩子正确面对失败，帮助孩子在亲身体验中建立正确的"成败观"。

比如培养孩子的棋类爱好，棋类游戏可以很好地帮助孩子理解输赢。另外，当孩子抱怨没有拿第一的时候，可以好好鼓励孩子，但不要把焦点放在"第一"上，可以鼓励孩子多把优点表现出来，提出下次进步的目标和方向，让孩子明白有输有赢才是生活的常态，输并不可怕，关键看有没有继续努力和反败为胜的勇气。

此外，要让孩子树立公平竞争的意识。有些孩子为了赢得胜利不惜背地里做些手脚。这样的举动一旦开始，就不容易回头，最终会导致很严重的后果。因此，家长一定要让孩子把握"公平竞争"的原则。好胜心太强的孩子往往跟别人相处得不好，家长可以多带孩子参加一些集体活动，让孩子在活动中体会团体合作的乐趣，认识别人的优点；还可以经常跟孩子探讨其他孩子身上的优点，教导孩子向别人学习。这些都有助于孩子人际关系能力的提升。

总而言之，作为家长既要培养孩子良好的进取心，使之成为孩子前进的动力，又要增加孩子承受失败的心理体验，使孩子既有敢争第一的勇气和毅力，又能正确评价自己，看到自身成长的点滴进步。这样的"争第一"对孩子的成长才是有价值的。

16. 儿子势利眼，看不起家里的阿姨怎么办？

【情景案例】

我有两个孩子，忙不过来的情况下我们从老家请了一个阿姨。

但前几天发生了一件很尴尬的事情。那天，大儿子童童正在看动画片，阿姨在扫地，儿子吃的薯片等零食碎渣弄得满地都是。

他爸看到了就说，阿姨正在扫地，你还随意丢垃圾，这是不尊重阿姨的表现。没想到儿子满不在乎地说："阿姨请来不就是扫地的吗？她是我们家的仆人。"当时，阿姨就在旁边，我跟他爸真是很尴尬，赶紧告诉儿子这是不对的，逼着他给阿姨道了歉。

晚上，我和他爸教育了他一晚，告诉他"仆人"是过去不平等社会才有的词，现在大家在新时代都是平等的，阿姨在我们家也只是正常的工作，说她是"仆人"是对人的轻慢。不过，儿子好像一副无所谓的表情。以前带他去乡下玩时，他也总说乡下人好穷，乡下好臭。小小年纪就这样势利，可怎么教育才好呢？

博士妈妈的话：平和沟通，让孩子学会平等待人。

在城市长大的孩子总会有种油然而生的优越感，对待生活条件或者其他方面比自己差的人很容易产生歧视心理。这一方面固然有孩子不懂事的地方，另一方面也折射出父母教育的问题。

可能童童的爸爸妈妈有时候在不经意的聊天中，或者平时跟乡下的亲戚相处的过程当中，无形当中表现出了一些优越感，这个过程没有避讳孩子。还有一种可能是，孩子平时看了一些年代电影、电视剧，被那些老爷、仆人的角色设定潜移默化地影响了。

所以，父母首先自己要做到平等待人。孩子每天接触最多的人就是父母，父母的一言一行对孩子有着很深的影响，如果父母平常就看不起穷人，只对权贵敬重，那么孩子自然也会受到父母这种行为的感染。

古希腊著名哲学家柏拉图在他的《理想国》里有个设想，建议10岁以上的孩子全部放到乡下进行初级教育，让孩子从小就没有等级的概念。我的建议是，最好从孩子还在幼儿园开始，家长就有意识地多带孩子接触自然，多参与一些社会实践活动，让孩子知道一蔬一饭的不易，明白每一种职业都是平等的，只要用自己的双手创造价值就是令人尊敬的。

童童妈妈说，当时他们"逼"童童给阿姨道了歉，我认为这种教育方式也是不太恰当的。幼儿时期，孩子性情还处在蒙昧状态，蒙昧所以不辨是非，无知所以傲慢自私，孩子的自发表现与社会标准不符合，本是成长中必然频繁出现的。现在很多家长的做法是不由分说地指责孩子，噼里啪啦地说一堆大道理，然后希望孩子知错就改，还要态度诚恳，但这实际上就是通过训斥与控制他人行为抚慰自己的情绪。孩子没有恶意却被凶悍指责，委屈的情绪上来了，全盘不接受也是可能的。

正确的做法是什么？让孩子知对错，并不意味着要使用"批评""惩罚"的工具，总原则是:温和对人，坚定对事，平和地沟通才更容易让孩子接受。

17. 女儿因被同学嘲笑"香肠嘴"躲着不愿见人怎么办？

【情景案例】

女儿巧巧突然有了一个怪习惯——吃饭要用手遮着嘴巴，不让人看见她的嘴巴。我问她为什么这样，巧巧说因为同学都笑话她嘴唇厚，像"香肠"嘴巴。我安慰了她几句，叫她不要太在意别人的眼光，自信最美。没想到好几个月了，她一直这样。到现在，她不仅在家吃饭遮着嘴巴，还不愿意到人多的地方去，出门甚至要戴口罩，家里来亲戚也躲在房里不肯出来。

虽然女儿的学习还不错，但性格比较内向，与同学交往比较被动。现在又被嘲笑，我很担心她因此变得自卑。我也尝试过从各种角度开导她，但始终打不开她的心结，我该怎么引导才好？

 博士妈妈的话：告诉孩子，要勇于自嘲，酷酷地走开。

读了巧巧妈妈的来信，我特别想对孩子说的是：自信的人生才最美丽呀！当然，要让孩子接受"热爱自己"这个命题，不是一朝一夕就能解决的。因为，只有不断地学习和蜕变，才能真正认识到自己的价值，真正爱自己，做父母的最重要的就是要给孩子这样的环境。

不在孩子面前随意说人的是非，不对人品头论足，要善于发现别人的闪光点，在这样的氛围下养出来的孩子，天生就会对事物有更多的包容心，长大以后对自己的喜好也会更有判断力。

我们要传递给孩子这样的价值观：每个人都有缺点，同时每个人也都有优点，一个人通过发掘自身的优势，能够取得的成就是不可估量的。比如，我们都熟知的模特吕燕，她因为眼睛小、肤色黑，脸上还有雀斑，一度被称为"最丑超模"，但她仍旧大受欢迎并成为世界名模。这类人正因为很清楚所谓的"丑"是难以改变的，但并不是什么大缺点，于是把自己身上与众不同的地方看成独一无二的"正能量"，通过努力完善自身，最后取得成功。

所以，作为家长，要始终站在欣赏孩子的立场，因为没有谁会比你们更先注意到孩子的某些"不一样"。要引导孩子学会接纳自己的不完美，欣赏他的其他优势，在恰当的时候多鼓励孩子。比如，写字、画画、游泳……哪些是孩子的特长，可以对自己多加表扬，让孩子把关注点转移到他感兴趣的事情上，这样他就不会整天想着自己的鼻子大、嘴唇厚了。当孩子收获了自信，就不会在意自己相貌不够完美的问题了。

随着孩子年龄的增长，我们要让孩子逐渐明白和理解美是可以有不同层次的。美不仅仅来自于外表，还体现在良好的教育、高尚的言谈举止中。"腹有诗书气自华"，美可以有更丰富的内涵。

必要时，我们还可以让孩子学会自嘲，勇于自嘲的人更能够化解别人的嘲笑，也能让别人以后少嘲笑自己。不理会别人的嘲笑，酷酷地走开就是我的态度。越是自信的孩子，越有人格魅力。如此，别人也会更欣赏孩子，而不在乎他的小瑕疵了。

18. "胖女孩"如何重拾自信?

【情景案例】

我女儿果果11岁了,身高157厘米,体重却有70千克,比一般的成年人都重。这给她带来了无尽的烦恼。

曾经有一段时间,女儿回到家会闷闷不乐,不是因为成绩,而是因为又被一些男孩子叫"胖子"了。"最讨厌其他班的男孩子了,没事冲到我面前喊'胖子'。"女儿说。

因为胖,她的体育成绩相对较弱,但她每次都努力达标了。而在小区里,或者去别的小区串门,她总会被人用异样的眼光"招待",一些老人会说"这小孩真胖",一些小孩则会用嘲弄的口吻说"胖子"。

说实话,我也知道,别人的嘴是我们无法控制的,只能从自己做起。因此,我们劝过她别太在意别人说的话,同时要减肥,因为太胖会影响身体健康,但她可能是天生爱美食,还是很难控制。我们应该怎样让女儿正确面对别人嘴里不时冒出的"胖"字呢?怎样控制和改变饮食习惯?怎样让她重塑自信心?

博士妈妈的话:给孩子一个减肥的动力,越早越好。

11岁孩子理想的体重应该是35千克,波动的范围应该是正负10%,大于20%就是肥胖。目前果果的体重是70千克,应该算重度肥胖了。肥胖的原因有多种,包括长期能量摄入过多、遗传因素、内分泌代谢失调以及心理因素等，根据家长的描述，我判断果果目前的状态应该是单纯性的肥胖症，所以，果果需要做的就是"管住嘴，迈开腿"，少吃、多运动，积极减肥。

具体如何吃，我建议专门找一个营养专家规划一下，在保证营养的前提下合理饮食。同时，根据身体的耐受程度做一些健康运动，比如打羽毛球、打篮球、器械运动等。家长也不必苛求太快的减重速度，一般来说，在膳食疗法开始后的1～2个月可减轻3～4千克。此后可以运动疗法并重，保持每月减重1～2千克，这样就可以获得比较理想的减肥效果，而且这样也是特别安全的。

在减肥期间，家长也要积极做好孩子的心理疏导工作，多鼓励孩子。比如果果因为胖，她的体育成绩相对较弱，但每次她都努力达标了，看得出果果其实是一个特别有毅力的孩子。还有果果是女孩，女孩内心深处都是追求美的，家长可以多从这些角度鼓励孩子。

前年，我一个朋友的孩子特别喜欢踢足球，但是因为太胖，校足球队的教练建议他减掉10千克以后再来加入校足球队。因为有了这个条件的鞭策，加上孩子太喜欢足球了，所以他心中就有了动力。后来通过比较高强度的运动以及饮食的合理的控制，三个月他就成功减了10千克。现在小伙子长得可帅了，足球也踢得很棒！所以，家长也可以给孩子提供一个积极减肥的动力，并让孩子树立起坚持就是胜利的信心。为什么很多人减肥很难成功，就是因为缺乏毅力，但是有动力和信心就能增强毅力。

孩子从小过于肥胖被人嘲笑，会导致他特别不自信，甚至因此影响学习，并产生注意力下降、自卑、不愿意与人交往等心理问题。随着年龄的增长，再加上心理因素的作用，减肥会更加困难，所以减肥在孩子越小的时候进行越好。我相信果果的减肥一定可以成功。

19. 好好的孩子，为什么不想活了？

【情景案例】

某中学一名学生坠楼的事件引发社会的广泛关注，警方通过调取孩子的手机信息发现，孩子是因为不堪学习、生活的压力自杀。一条年轻的生命就此逝去，令人痛心。近年来，被媒体公开报道的未成年人坠楼事件已有多起，坠楼的原因大多是自杀。青少年为什么会出现自杀倾向？家长发现哪些症状要引起注意？

 博士妈妈的话：孩子的求救信号，你听到了吗？

这是一个令人扼腕叹息的悲剧，值得我们探讨和反思。很多人包括家长都不能理解，孩子就那么大点，就学校那点事，会有什么压力？为什么会自杀？

实际上，当孩子缺乏自我认知、对自我不认同又没有一个无条件接纳自己的环境时，面对心理压力，他就有可能选择自杀。

孩子的自我认知从两三岁就已经产生，这一阶段他有了"我"的概念。自我意识会随着年龄、阅历的增长发展，到青春期，自我意识逐渐完善。如果孩子表达自我时常受到父母的否定、压抑、控制，孩子就会认为自我不被允许存在，自我的"小人"就会一点点缩小。一些处于青春期的孩子缺乏价值感，做什么都觉得无聊、没意思，学习动力不足，甚至出现焦虑、抑郁症状，这其实都是对自我价值的否定。

心理学研究发现，孩子自杀的意念往往来源于冲动，可能与悲伤、困惑、愤怒或注意力缺陷、多动症有关。

当悲剧发生时，好多父母对自己孩子出现自杀想法和自杀行为完全不知情，不明白好好的孩子为什么会自杀。其实，"冰冻三尺非一日之寒"，很多预警信号在生活中已经发生，只是父母没有注意到而已。

比如，孩子是不是说过"我不想活了""我好累，活着好没意思"这样的话；或者变得不愿意出门，不愿意见朋友了；经常会烦躁或莫名其妙地哭泣，自卑、情绪不佳，干什么都没有兴趣；吃什么都不香，身体持续忽胖忽瘦；等等。如果发现孩子有以上迹象，家长一定要提高警惕，必要时可以请专业的心理专家介入。

所以，在和孩子相处的过程中，父母一定要学会倾听和观察，不要害怕和孩子谈论心理健康和自杀。生命教育也是孩子必不可少的成长课，教会孩子尊重生命、敬畏生命、珍惜生命，这是成人应该给孩子上的重要一课。正确的生命教育是要让孩子知道，他的生命不仅仅属于他自己，某种程度上，也属于爱他的人，要让孩子相信，父母对他的爱是无条件的。

当孩子哭着说要自杀的时候，请你千万不要责备，而要从孩子的哭声中找出哭声背后的真相，解决根源问题。希望自杀的悲剧不要再上演，也希望每一位家长在教孩子学会爱、学会珍惜自己的过程中，和孩子一同成长。

20. 孩子很懂事好不好？

【情景案例】

相信很多人都听说过这句话：会哭的孩子有糖吃，懂事的孩子没人疼。一个乖巧懂事的孩子和一个任性的孩子起了争执，人们往往都会去安慰那个号啕大哭的任性孩子，只对懂事的那个孩子留下一句：你比他懂事，你让着他一点。在我们常见的教育场景里，也能看到很多家长喜欢用"懂事"这个词夸赞一个孩子。父母认为孩子只有听自己的话才会成长得更好，自己管起来也更加轻松，但是事实是这样吗？

博士妈妈的话：培养孩子的"真自我"，教会孩子表达情绪。

其实"懂事的孩子"并非生来就懂事，而是随着时间的推移学会了察言观色，被迫越来越"懂事"。孩子懂事并不是什么坏事，可是如果孩子太懂事了，就会过早失去童真，压抑天性，这未必是一件好事。

从心理学的角度解读，过分懂事的孩子在压抑自己、隐藏自己的真实需求，以迎合父母和别人。为什么要隐藏？因为害怕。害怕什么？怕不讨好父母的话就不被爱，怕自己做错了、说错了会被打被骂，怕自己稍微一点儿任性行为就会破坏残存的安全感。总结起来，过分懂事的孩子背后折射的其实是孩子缺少爱、没有安全感或者父母太过强势，对孩子要求过高。

如何让孩子真实地表达自己的内心需求和感受？我觉得父母要从学会和孩子共情开始。教育学家卢梭曾经说过，世上最没有用的三种教育方法就是讲道理、发脾气、刻意感动。你与孩子共情,孩子才会把你当朋友,才会好好听你说话。我们每位家长都应该学会接纳孩子的不良情绪,体会孩子的想法和内心感受,并将它们表达出来。好的父母应该教孩子将自己内心的真正情绪表达出来,而不是憋在心里。

当孩子出现愤怒、悲伤、恐惧等负面情绪时,父母不应该粗暴地限制孩子的行为和表达。比如对孩子说"你别闹了""再哭我就走了""有什么害怕的"等之类的话。因为孩子的坏情绪是不会消失的,只是暂时被大人压抑下去了。如果父母不能正确引导,孩子会继续困在自己的坏情绪里,找不到表达和发泄的出路,久而久之就会自我压抑。我们可以等孩子平静下来后,引导他说出当下情绪背后的感受,然后商量解决问题的办法。

在平常的生活中,多让孩子选择,尊重孩子的意愿,让孩子在选择的过程中学会独立思考,学会自己权衡利弊,这样他在成年走上社会以后才不会去迎合别人,也不至于在遇到事情的时候没有自己的意见和想法。

最后,我们还要放下焦虑,学会接纳孩子的不完美,用平常心对待孩子的错误,在一定的规则内,允许孩子试错、犯错。每个孩子都是一个独立的个体,有自然的成长节奏,只有接纳孩子的不完美,孩子才有空间在生命的四季里栉风沐雨,自然强壮。懂事本身是一种美好的行为,其中包含着对人对事的理解、自身的独立等,这些都是一些积极的品质。我们今天以正确的方式教育孩子懂事,既能让孩子在快乐中成长,又能让孩子真正明白"懂事"的含义,以便在"懂事"中获得幸福。

21. 10岁女儿热衷看爱情片,担心她早熟,怎么办?

【情景案例】

我女儿10岁,我发现她有点儿早熟。我给她买衣服,她嫌我买的童装幼稚,要买那种看起来比较潮的衣服。她从小就不喜欢看动画片,而是喜欢看爱情偶像剧。我们夫妻俩工作忙,平时是奶奶带着她,她就会自己打开笔记本播放诸如《爱情睡醒了》《夏家三千金》《花千骨》《爱情公寓》等电视剧。她还将"TFBOYS"的那三个小男孩奉为偶像,家里全是他们的海报。

有一天,女儿正坐在客厅看电视。我看到电视屏幕上一对男女正在接吻,赶紧跑过去换频道,女儿却大叫:"别换台,我就要看!"女儿这么早熟,正常吗?

博士妈妈的话:孩子早熟是"显示器",家长才是"主机"。

孩子在心理方面出现早熟,比如早恋、说大人话、为人处世的方法像小大人一样,那么家长首先要找到孩子出现这种情况的根源。孩子早熟绝不是一两天就发生的,而是在长期的生活中逐渐形成的。无论面对何种情况,我们都要耐心地去了解问题的根源,然后根据实际情况因材施教。

比如有的孩子喜欢讲"大人话",这种情况往往是一开始大人觉得孩子说"大人话"新鲜有趣或者无伤大雅,没有原则地进行鼓励与赞赏,也许孩子其实并不太理解其中的含义,但为了再次获得表扬,便会继续模仿。

所以，当家长发现孩子在行为或语言上表现得像成人时，要正确地对孩子进行引导，及时切断孩子在这方面的模仿行为。

还有一种情况是，幼儿园的孩子用"男朋友""女朋友""老公""老婆"称呼其他小朋友，家长对此也不要大惊小怪，这只是孩子表达喜欢、表达关系亲密的一种方式。大人们要以平常心看待，忽视、淡化孩子的这种行为，孩子也会逐渐减少这些叫法。

孩子在生活中接触的成年人以父母为多，孩子总会从环境中模仿学习，成年人不经意的行为，容易让孩子看到一些成人世界不真实、不美好的东西。所以，爸爸妈妈要鼓励孩子多与同龄人交朋友，鼓励孩子多在同龄人的环境中生活、学习，帮助孩子建立自己的世界观。

还有一点建议：不要让电视充当孩子的保姆。孩子对电视节目往往是"照单全收"，而很多节目是"少儿不宜"的，孩子在成长过程中，过多、过早地接触不良信息也是诱发孩子早熟的因素之一。爸爸妈妈对孩子接触的媒体信息要有意识地进行筛选，适当选择一些符合孩子年龄的动画片，陪孩子一起观赏。

不过，有些孩子确实心智发育比别的孩子早一些，对于这部分孩子，早熟也不是绝对意义上的坏事，这说明孩子能像大人一样思考事情和处理问题。家长不应该太武断地给孩子下定义，而应该施以正确的引导，让孩子的思想更加成熟、稳重，这也能让孩子变得更加优秀。

第四章
摆脱教育盲区：如何正确和孩子谈性教育和生命教育

在中国，有两种教育往往让家长难以启齿，甚至会被遗忘：一种是性教育；另外一种是生命教育，也就是死亡教育。

生涉及性，性让家长不知所措，而死则是悲伤和不吉利的象征，家长更是闭口不谈。所以在生命启蒙教育中，我们一代又一代人经常听着这样的说法长大：你是从垃圾桶里捡来的，你是从树上摘下来的……

《中国青年报》社会调查中心对3032人做的一项调查显示，近一半的人认为11～14岁是孩子系统了解性知识的最佳年龄，只有12.1%的人选择10岁以前。而新浪微博的小调查显示，半数以上网民认为11岁以上是性教育的最佳年龄，仅1/4的网民认为6～8岁是性教育的最佳年龄。在参与调查的人中，"70后"占39.3%，"80后"占37.3%，"60后"占11.6%

实际上，相关资料显示，我国儿童的性发育时间已从原来普遍认为的11～12岁开始，提前到女孩平均9.7岁，男孩平均11.3岁，女孩提升的幅度十分大。

我还记得几年前发生过这样一件事。小学老师在课堂上教孩子们怀孕的知识和男女性别的差异，却遭到了一位家长的反对，家长觉得，自己的女儿才9岁，老师不应该教给孩子这些内容，认为"少儿不宜"。当时，这件事在网络上引发了热议。

这不得不让人感慨，虽然现在已经是二十一世纪，但在中国，性教育依然是一个"敏感"话题。由此可见，我们的性教育和生命教育的缺失不是单一原因造成的，家长的不理解甚至阻挠才是普及性知识最大的阻力。

性教育首先是家庭教育，是爱与生命的教育。

许多人认为，性是独立的、割裂的，是只属于成年人的一种行为，我们要教卫生知识，但不能谈论交往、恋爱和性本身，性教育只是用来防止负面问题发生的工具。

事实上，性教育并不是为了防止坏的事情发生，我们学习、了解性，

第四章　摆脱教育盲区：如何正确和孩子谈性教育和生命教育

是因为性伴随每个人的一生。

从出生到死亡，从子宫到坟墓。一个婴儿需要来自父母肌肤的触摸；小时候我们要了解性别，明白平等、尊重的意义；青春期我们要经历身体变化，学会欣赏身体变化，悦纳不同的自己；青年时期我们开始恋爱，学着和喜欢的人相处，可能会步入婚姻或者选择独身；老年时我们仍然可以体验亲密无间的美好。

总之，学习性是为了更好地了解自我，认识到性对生命的意义，并从中做出积极生活的选择。

联合国教科文组织在《国际性教育技术指导纲要》（修订版）中对性教育做出了定义：全面的性教育不等于防性侵教育，它其实有着非常丰富的内容，包括身体权利、性别平等、人际关系、健康、福祉、尊严等。

培养相互尊重的社会关系和性关系，可以帮助儿童和年轻人学会思考他们的选择如何影响自身和他人的福祉，并终生懂得维护自身权益。

性教育的目的是让孩子：① 学会爱，让孩子懂得爱护自己的性器官，懂得生命来自父母，要热爱父母、珍惜生命，只有懂得爱自己、爱父母的孩子，才会懂得爱生活、爱人类、爱世界；② 学会尊重，让孩子懂得尊重自己和他人的性隐私，尊重自己和他人的感情，尊重自己和他人的性权利；③ 学会保护自己，让孩子从小树立保护自己身体隐私的意识，懂得防范性伤害，对防范性传播疾病有一定认识。

其实，无论是性教育、生命教育，还是心理教育、人际相处教育，教孩子学会爱、学会尊重、学会保护自己，是三个最基本的目的。

以下是父母与孩子谈论性的几点建议。

第一，性器官教育从幼儿期就要开始。孩子对自己的身体部位比较好奇，家长可以通过图片引导孩子，告诉孩子正确的答案，不要有太多的顾虑和掩饰，不要让孩子认为那是龌龊的器官。在孩子4岁以后要直接告诉他隐私部位不能让人看和摸，树立隐私意识。

第二，尽早满足孩子对身体的好奇心。如果父母在 3 岁前没有满足孩子对异性的好奇心，那么 4 岁以后，孩子有可能会出现摸其他小伙伴身体的行为，因为他在了解自己的同时，也想了解别人的身体结构。这时父母应该及时温和地阻止，同时可配合视频、书籍等代替物来教孩子。

第三，性教育不只是器官教育。父母在家所呈现出来的两性关系，其实就是对孩子最初的性教育。父母恩爱时如何传递感情，如何拥抱、相互亲昵，这都是生活中异性相处之道的活教材。孩子能感受的正面异性接触，首先来自父母。

第四，借助绘本进行性教育。比如《我们的身体》，这是一本完全从孩子的视角来编写和设计的科普绘本，图文结合，从宝宝从妈妈肚子里诞生开始，生动有趣地介绍身体的每个部位。还有《小威向前冲》，讲述了一颗精子与卵子结合，形成受精卵，最后长成宝宝的故事，通过拟人化的方式，帮助大人解决了不知如何开口跟孩子谈性的尴尬。类似的绘本还有《小鸡鸡的故事》《我的乳房》，以及郑渊洁的性教育绘本《你从哪里来》等。

第五，父母自身也要加强性知识的学习。在这里，我推荐父母抽出时间阅读国内著名的儿童性学专家胡萍女士的《善解童贞》系列图书。这套书全面系统地介绍了性关怀和性教育的方法，能够帮你全面了解孩子性心理的发展规律，学会回答孩子提出的有关"性"的问题，教会孩子防范性侵害。

第四章 摆脱教育盲区：如何正确和孩子谈性教育和生命教育 | 139

1. 小男孩喜欢粉色且爱和女孩玩，正常吗？

【情景案例】

我儿子今年 7 岁，上小学一年级了。他有点随我，个子长得比较矮，气质比较文静。他从小就偏爱女孩玩具，当然男孩子的玩具也玩，但是其他男孩不屑一顾的毛绒娃娃、芭比娃娃什么的，他都特别爱惜，当宝贝一样收着。他还偏爱粉色，书包、画笔、书皮之类的文具通通都只要粉色的。

在学校里，他胆子也比较小，喜欢和女生交朋友。有人说我家儿子太文弱了，不像个男孩。我也觉得我儿子性格软糯，偏女孩性格，担心他长大后也这样。男孩还是要有男孩的样，但他显然不是我们想象中的样子。为此，我在学校也给他报了篮球班、足球班等，希望他多参加一些体育运动改变一下气质。但我还是很担心，不知道要不要特别干预一下。

 **博士妈妈的话**：颜色本身没有性别限制，要给孩子成长自主权。

对于妈妈的担心，我觉得是家长过于焦虑了。我们之所以有这样的担心，是因为我们对性别有一个刻板的印象，会习惯性地给孩子带上性别的标签：认为男孩如果喜欢粉色就会娘娘腔，女孩如果舞枪弄棒就不像女孩子。其实，对孩子来说，这只是一种简单的爱好而已。

儿童心理学家认为：孩子在两岁左右性别意识开始萌芽，3～4 岁性别意识开始增强，能够分清不同的性别角色，但这个年龄段的孩子还没有发展出性别恒常性，也就是说，3～4 岁的孩子认为人的性别是可以被轻易改变的，一般认为儿童到 6 岁以后才能明白性别是永久的。

所以，孩子对于自身性别的认可有一个自然的过程。对 6 岁以下的男孩来说，粉红色在他眼里其实只是一种颜色，并不是某种性别差异的选择。

而且，我认为粉红色从来不是女孩的唯一选择，它也同样可以受小男孩的欢迎。我们要知道的是，伴随着孩子年龄的增加，他的自我意识开始增强，对审美也有了自己的主意，再加上好奇心重，这时候很多小孩，无论小女孩还是小男孩，都可能在家里偷偷拿妈妈的高跟鞋穿，甚至涂抹妈妈的口红。其实等他们的好奇心满足了，注意力自然就会转移了。

有很多家长常常这样训斥儿子："你是个男孩，不能随便哭。"对于女孩就说："你是女孩，要有女孩样。"其实，这样不仅起不到教育的效果，还会让孩子束缚在性别认知里。正确的做法应该是：用"他们"或者是别的包容词，而不是特指。这样说的目的是让孩子接纳自己，而不是只有刻板的性别印象。所以，我希望父母对于孩子不符合你期望的喜好给予更多的理解和尊重。

关于孩子的性格养成问题，比如妈妈想培养儿子阳光坚韧的品质，那么可以让孩子多进行一些户外的运动，如登山、踢足球等都是不错的选择。另外我还建议，让爸爸多多教育和陪伴孩子，男孩在六七岁的时候，在性别探索阶段会模仿父亲的行为。这个时期，爸爸应该多陪伴在儿子身边，示范自己在生活中如何尽职地承担一个男人的职责，比如体贴妈妈，在生活中表达自己的理念，等等。做好孩子的榜样，我相信长此以往，孩子一定会成长为一个阳光的小男子汉。

2. 5岁男孩模仿父母的亲昵行为，怎么办？

【情景案例】

我有一个幸福的小家庭。孩子爸爸很爱我，孩子已经5岁了，非常聪明可爱。生活中我们夫妻俩也常常在孩子面前秀恩爱，亲吻拥抱。如果赶上孩子爸爸出差，几天不回来，他一回家，我就会带着孩子跟他爸一起闹。孩子会整个人压在爸爸身上玩闹，亲他爸爸的耳朵之类的。

前几天，我闺密带她女儿上我们家玩，我和闺密在客厅聊天，孩子们在书房玩。忽然，书房传来了大声的嬉闹声。我们进房间一看，只见我儿子整个压在小女孩身上，还亲小女孩。两个小孩滚作一团，看到这种情景，我和闺密顿时心情复杂。

之前，我一直认为让孩子看到父母相爱没什么不好，能让孩子从小就沐浴在爱的环境里成长。但发生这件事以后，我开始反思，我们夫妻是不是不应该在孩子面前秀恩爱？成人间亲亲抱抱的举动，是不是已经对孩子造成了不良的影响？

 博士妈妈的话：恩爱要秀，但要把握好度。

我个人认为家长在孩子面前秀恩爱，对孩子的成长是有非常多好处的。第一，可以让孩子更加有安全感。一个从小有安全感的孩子，长大以后会更加自信阳光。第二，会让孩子更加开朗。孩子每天都被父母浓浓的爱意感染，就算有一点点小吃醋，他也会觉得很幸福。第三，能够提高孩子的

语言表达能力和情商。父母坦然地在孩子面前表达爱，孩子也会越来越习惯于在亲人、朋友、同学面前大胆地表现自己，这将来在社交方面是非常有优势的。

不过，父母在孩子面前秀恩爱，有时候还是要注意一下尺度，不宜过多过频，避免给孩子一种错觉，以为这是生活的主旋律。孩子成长过程中，很多知识和技能的获得都来自大人，喜欢模仿也是孩子的天性，但他们往往只有模仿的能力而没有辨别对与错的能力，所以当你看到孩子亲吻拥抱他的异性伙伴的时候，不要过于担心，实际上他们并不理解这种动作的真实含义。

不过，当发现孩子有这种模仿行为时，也千万不要当成笑料一笑置之，当然也不能立马大动肝火，大声呵斥甚至打骂孩子，这样会给孩子留下心理阴影，可能导致孩子产生自卑感，不敢与异性朋友接触了；也有可能导致一些孩子产生叛逆的心态，加剧模仿的行为。

5岁以上的孩子其实可以沟通了，本案例中的妈妈就可以尝试和孩子聊聊，向他解释拥抱可以表达好感，是喜欢一个人的表现，但把小朋友压在身体下面容易受伤，经常亲吻也是不卫生的，好朋友之间拉拉手就可以了。这样简单的意思孩子是可以理解的，也会乐意改正。

同时，父母平时可以在孩子的游戏中适当给予一些引导，引入更多有创意的户外游戏和动手动脑的益智游戏，转移孩子的注意力，从而逐渐减少玩这种模仿游戏的机会；还可以对3～6岁的孩子进行适当的性教育，消除孩子对异性的神秘感。最好的办法就是跟孩子一起探讨、一起看书。我给家长推荐一本《中国儿童百科全书》，里面有关性教育的章节非常形象、生动，我觉得很适合孩子阅读。总之，让孩子在一个充满爱的家庭里长大，对他的一生至关重要。

3. 带孩子随意进入公共私密空间好吗？

【情景案例】

有微博网友爆料：某地一游泳馆更衣室里，每天都有女性带儿子进来，这名微博博主投诉，洗澡被男孩偷看，结果工作人员说小男孩还小，管不了，并遭到男孩妈妈反呛："孩子又看不懂，就你金贵怕看！"工作人员还称，此前劝阻时，有家长会因此与工作人员发生争吵。男童进入女性私密场所的现象并不鲜见，但久久未能得到解决，这究竟是谁的问题呢？

博士妈妈的话："孩子什么都不懂"不该是挡箭牌。

我想一些家长把男孩带入女更衣室或女卫生间应该是迫不得已。但当这样的行为引起了别人的反感，导致孩子被指责批评时，家长如果以"孩子还小、还不懂"为理由去反驳，甚至以维护孩子的心态与别人争吵，就非常不理智了。这样做除了强化孩子这一段记忆之外，还可能给孩子一个"他没做错"的意识，这对孩子形成正确的性意识和性道德是不利的。

孩子在三四岁时，就开始有了性别观念，3～6岁更是孩子性别角色确认的关键期。这一时期，家长应该帮助孩子建立性别观念。而带着男孩进入女更衣室，是无视性别差异、模糊性别意识的行为，不仅不利于孩子性别意识的建构，反而容易影响男孩心理的正常发育，更不利于他们独立人格的形成。如果孩子在一种性别模糊的生活环境下成长，极易导致成年后出现性心理障碍。

我的建议是，在带孩子使用公共私密空间时，父母角色都不可缺位——父亲带男孩、母亲带女孩，这样对孩子从小树立性别意识和自我保护意识都是很好的启迪和教育。如果实在条件不允许，对于大一点、能自己上洗手间的孩子，父母可以送至门口让他一个人进去。看护孩子是家长的职责，但保护身体隐私，也是个人不可让渡的诉求。为了前者的便利而要牺牲后者的权益，是不公平的。

此外，社会对此也应有共识。关于带孩子进入男女卫生间的问题，曾有人提出设置第三卫生间、家庭卫生间，目前已有不少大商场对此进行了设置，也确实方便了一些家长，但问题似乎并没有完全解决，依旧会有家长带男童进女卫生间。所以，归根到底，在这方面社会还缺乏最基本的共识。

另外，相关管理机构对于男童进女更衣室、女卫生间、女澡堂之类的场所要主动禁止，不能遇到冲突就大事化小、小事化了，含糊的态度解决不了问题。只有全社会形成共识，社会观念才有希望改变。实际上，并不是孩子没有"性别意识"，而是大人没有把公共空间的边界当回事。

4. 我该怎么跟5岁儿子谈"死亡"?

【情景案例】

我家孩子今年5岁,现在上幼儿园大班。在读小班的时候,他就问过我:"妈妈,什么叫死亡?人为什么会死?"我不知道怎么跟他解释,就说:"人老了就会自然死掉,不过那要过很久很久。"他懵懵懂懂地说:"不希望认识的人变老,因为变老会死掉。"

半个月前我姥爷过世了,一直没跟他说。昨晚,跟他爸爸聊天时偶然说到,没想到被他听到了。临睡前,他忽然大哭着问:"老爷爷真的死掉了吗?妈妈不是说要过很久很久人才会死吗?为什么老爷爷现在就死了?我不想长大变老然后死掉!"

我一开始跟他说变老是一个过程,只要我们好好努力生活就不遗憾了,而且人死了以后会变成天上的星星。但他还是哭得很伤心,我又安慰他说:"未来科技越来越发达,说不定就会有吃了不变老的药。"他听了这个解释才安心,还说长大做科学家,要做出"不老药""不死药"……我听了一边哭笑不得,一边不禁想,我该怎么跟他谈关于"死亡"的那些事呢?

**博士妈妈的话:**在生活中坦然和孩子聊"生死"。

陶行知先生有一句话,叫"生活即教育"。什么是死亡?如何告知孩子生死的意义?我觉得都可以从生活中教导孩子认知。

案例中妈妈的回答我比较认可。她告诉孩子,人会死亡,但是人死了并没有完全消失，而是去了天堂或者化作了天上的星星，给孩子描绘了一个美好的存在，安慰了孩子的恐惧心理。其实，孩子在 7 岁以前对物质的守恒定律是有一定认识的。关于人死后会去哪里，孩子通常能够借助自然界中植物的生长荣枯来理解生与死的现象，生出朴素的轮回观念，即人死了之后，有一天还会重新回到地球上，成为新的生命。

所以，当孩子在生活中遇到"死亡"事件时，如家里的小宠物不幸死亡了，父母可以和孩子一起埋葬宠物，在坟墓旁栽种花草来做标记。在这个过程中，孩子会意识到：物质上的分离并不意味着精神上的分离。

在清明节等纪念亡人的日子里，也可以借助相关绘本，比如《一片叶子落下来》《活了 100 万次的猫》《汤姆的外公去世了》等与生命教育相关的书、影片故事，让孩子学习如何纪念逝去的亲人。通过这些经历，孩子对"死亡"的感受会更加丰富：亲人的逝去并不意味着只有痛苦与分离，对亡人的追思与怀念、对生与死的感怀，都会使孩子对生命有更深的理解。

等孩子到了 12 岁进入青春期以后，他的心灵会发生蜕变，感情也会变得更加丰富细腻，对于死亡，也会有一些更加切身的体验。在这个阶段，家长们可以引导孩子以科学的眼光来看待这件事，带他们去自然博物馆、科技馆，看看人是如何出生、长大、老去、死亡的，让孩子懂得珍惜生命中的每一天，要活在当下。

童话故事也为孩子理解生死提供了一个缓冲地带。传说里发生过的那些关于恶如何发生、又如何被惩戒的故事，在警诫孩子们的同时也在告诉他们：善终将战胜恶。而且，家长在跟孩子谈论死亡的话题时，要不断地给他心理暗示，让他知道无论发生什么，爸爸妈妈都是世界上最爱护他的人，增强他对生活的自信和对生命的尊重。

总而言之，家长要根据孩子所处的不同年龄阶段和自身对生命的认知，智慧科学地跟孩子探讨"生死"这个不可回避的人生话题。

5. 7岁孩子经常用死来威胁大人，怎么办？

【情景案例】

我儿子思成今年7岁，人挺聪明的，就是特别任性。他想要的某样玩具，或者想去玩的某项游乐设施，如果我们没答应他，他就会哭闹个不停。

最近他又喜欢上了玩手机，周一至周五悄悄躲进被窝里玩，周末更是玩得停不下来，我给他规定时间，他不同意。如果不把手机给他，他就要打人。

上个月因为奔丧带他回了趟老家，他大概是了解了一些死亡的概念，回来后，我们拒绝他玩手机，他就开始说"我想去死""你们让我去死吧"，甚至有一次还说要跳楼，并真的爬上窗户吓唬我们。

我们第一次听到他说这样的话，第一反应就是呵斥孩子不准这样威胁父母。后来，他有恃无恐，这样反倒让我们生出了几分惶恐，担心孩子真的做出什么出格的举动来。我们该怎么教育他才好呢？

博士妈妈的话： 父母先反思教养方式，再让孩子敬畏生命。

动不动就对家长以自杀相要挟的孩子，往往是从小惯用哭闹、耍赖的招数胁迫大人满足自己各种要求的孩子。就像文中妈妈说的那样，孩子小时候达不到目的就以哭闹相要挟，而家长对孩子的胁迫一次次妥协，终有一天会发展到孩子学会运用"以死相逼"这个杀手锏，胁迫家长达到自己的目的。

当孩子对家长以死亡相威胁时，家长不能一味让步，导致孩子欲壑难填；也不能不予理睬或嘲笑讽刺孩子，更不能一气之下对孩子说出诸如"有本事死给我们看呀"这样刺激孩子的话，以免把孩子推向进退两难的绝地，使孩子冲动之下做出傻事。

孩子有这样的举动时，父母要反思在教养方式上是否对孩子过度溺爱了，是否总以命令的口吻管教孩子或者打骂孩子，夫妻之间平时是否经常吵架，家里的老人是不是经常拌嘴，等等。因为只有这些负面影响因素存在，才会让孩子特别容易出现对抗的情绪，从大人身上学会用死来威胁他人。

所以，家长首先必须净化家庭环境，主动营造和谐的家庭氛围，理解并尊重孩子，合理回应孩子的心理诉求，可以尝试用延迟满足的方法，避免孩子闹极端情绪。比如，我们可以跟孩子约定完成某项任务或者做完多少作业后，才可以满足他的要求，通过合理的引导让孩子转移注意力。

同时，找机会对孩子进行生命教育，在条件允许的情况下，带他们参加某些惊险但绝对安全的游乐项目，让他们体验"濒临死亡"的感觉，让他们了解死亡，珍爱生命，敬畏生命。

以上方法都尝试过了，如果孩子还是习惯性地发脾气，家长可能就要考虑孩子是否出现了情绪障碍。因为习惯性地发脾气，从情绪发展来看，可能是形成了特定的刺激——反应的情绪模式，也就是说这种孩子只要遇到类似的情况，就会自然地做出相应的情绪反应。如果是这种情况，建议父母咨询相关的心理健康专家，及早进行干预。

6. 奶奶病危，要不要告诉孩子呢？

【情景案例】

前几天我们接到老家的消息，孩子的奶奶病危了。我儿子是奶奶从小带大的，和奶奶感情很深。孩子每年寒暑假都会回老家探望奶奶，每年的零花钱也要留一部分出来给奶奶买爱吃的东西。奶奶也很疼孙子，常说只要孩子陪在她身边，她就什么病都不会有了。

但随着奶奶年纪越来越大，身体终归会越来越不好，已经病重过几次，我们一直都在担心：万一奶奶真的不行了怎么办？怎么跟孩子说？但没想到消息这么快就来了，而且时机很不好，正是孩子备战小升初的关键时期，每天学习很紧张。我们担心这个时候告诉孩子，他伤心难过肯定会无心学习，可如果不告诉他，不让他见奶奶最后一面，又担心孩子将来会埋怨，在心里留下遗憾。真是左右为难！

 **博士妈妈的话：培养一个有情有义的孩子远比分数重要。**

对于这个问题，我的建议是应该毫不犹豫地告诉孩子实情。当然我能理解孩子妈妈的担忧和顾虑，但我们教育的核心是什么？是要教会孩子怎么做人，分数任何时候都不能逾越亲情。在亲人重病的时候，送上及时的慰藉与关爱，原本也是另一种意义上的生活教育，孩子在感受这种亲人离别的过程当中，会更加珍惜跟父母之间的情感，这远远重于分数。

习近平总书记也提出我们的教育是要立德树人。这个德是什么？其中就包含了我们的传统美德,要孝老爱亲,要尊师敬长。只有先学会了怎么做一个品质优良的人,才能谈如何学习相关的生存技巧,以及掌握文化知识。

而且人的一生会面临很多重要的考验,今天,在生活里,我们用善意的谎言不让孩子去面对他应该面对的困难,以为这样能让孩子好受一点,但明天,当他独立面对社会,遇到困难的时候,他拿什么心理承受力去对抗生活的风暴呢?

再者,我觉得把真相告诉孩子也许会使他把这种对奶奶的深深的思念化作学习的动力。

在热播剧《小欢喜》中,杨杨的妈妈刘静患了癌症,几经考虑后她最终还是告诉了儿子实情。而杨杨经过短暂的逃避后,选择面对母亲患癌这一事实。他将自己理成光头,与母亲共同抗击病魔。在随后的高三备考学习中,为了考上名牌大学让母亲高兴,他更是加倍努力,成绩也直线飙升。

所以,困难对于孩子的成长来说,实际上是一种天然的挫折教育。

最后,生死这种大事,不告诉孩子,可能会让他一辈子内疚。小刚和奶奶的感情那么好,父母现在如果瞒着他,等他发现奶奶离开了,却没有机会说一声再见时,那对他一辈子来说是多么大的伤痛啊,也许会让他从此都无法勇敢面对生死。

所以,选择相信一次孩子吧,孩子内心的成长远比一次小升初考试重要得多。考试失败,我们还有重来的机会,而内心充满了内疚,则有可能成为一辈子的遗憾。让他和你们一起去面对亲人的去世,他会更独立和有担当,这些才是我们应该给孩子上的人生第一课,是终身受益的课,也是最重要的一课。

第四章 摆脱教育盲区：如何正确和孩子谈性教育和生命教育

7. 担心 11 岁女儿早恋，该怎么做？

【情景案例】

我女儿 11 岁，今年上五年级，最近几个月，我发现她照镜子的次数越来越多，早上起床要照，刷牙也要照，还一个人对着镜子不断练习嬉笑嗔怪等各种表情，穿着也比以前更讲究了，好几次催着我给她买新衣服。

有一次我不小心看到她的草稿纸，上面写着喜欢谁、不喜欢谁、谁又喜欢她之类的话。过去对于她和男同学的交往，我也只是关注，并没有干涉过。她自己有个 QQ 号，加了几个男同学，偶尔会聊几句，以前我可以输入密码、随意登录，最近我发现她把密码改了，这让我不禁有些担心。

女儿的班主任告诉我，女儿和几个比她年纪大一点的女孩玩得特别好。那几个女同学我见过，说话和穿着显得比同龄人要成熟些，不知道女儿是不是受了她们的影响。老师还说我女儿喜欢参与男孩子们的游戏。

种种情况，让我担心女儿会不会是早熟、早恋了，我该怎么做才好呢？

 博士妈妈的话：不要轻易判定"早恋"，可以和孩子大方聊"爱"。

发现孩子"早恋"，父母往往惊慌失措。

实际上，孩子在长大的过程中，情感逐渐成熟，这一切都是成长不可避免的过程。所以，当看到孩子从对父母的依恋和爱开始转移到其他异性身上时，父母不要太惊慌，也不要觉得就是孩子"早恋"了。

十一二岁孩子所谓的早恋，其实并不是早恋，而是随着现在独生子女的增多，很多孩子无法体验到兄妹情、姐妹情、姐弟情了，而同学恰好给她提供了这种与同龄人建立情感关系的机会。他们其实并不理解什么是"喜欢"，也不知道男女朋友意味着什么，只是单纯地愿意在一起进行情感分享。所以，与其刻意放大、直接抡起棒子"棒打鸳鸯"，不如平常心对待，给孩子正确的指引。

比如，家长可以和孩子交流什么是"喜欢"，该如何正确与男孩交往，通过沟通让孩子学会坦然地和男孩以好朋友的身份相处。

我们也可以跟孩子聊聊什么是爱情，她心目中的"爱情"是什么样子，即使孩子说了家长不太认可的话，也不要生硬打断，可以潜移默化地教育她。等孩子进入青春期，也许你就难得这样心平气和地和她聊天了。

儿童在成长的过程中，心理也在逐渐成熟，对异性产生好感也是正常的心理现象。因此，对异性的爱慕和喜欢也是重要的体验，这个阶段也是对未来婚恋情感关系的培养和尝试，家长要在理解的基础上对孩子的情感进行疏导。

我一直倡导父母要主动和孩子讨论爱情，因为每一件不被经常讨论的事情都是神秘的，任何一件神秘的事情对孩子来说都有吸引力。所以，打破禁忌大方地讨论，通过讨论让孩子明白爱的形式多种多样，爱情只是众多情感中的一种，让孩子明白什么是真正的爱，什么年龄段适合收获什么样的爱，早恋的利弊，教育他们正确对待各种爱，等等。这也是帮助孩子树立起正确的价值观和爱情观的过程。

家长还可以趁此机会教孩子一些性知识，告诉孩子哪些错误一定不能犯。如果感觉难于启齿，可以把相关书籍当作礼物送给孩子，通过交

第四章 摆脱教育盲区：如何正确和孩子谈性教育和生命教育

流和孩子建立起彼此信任的亲密关系，让孩子把父母当作最可依托的情感后盾。

心理学研究表明，心理营养缺乏是孩子早恋最重要的原因，凡是缺失爱与温暖的家庭，孩子都特别容易早恋或上网成瘾，所以平时要多和孩子谈谈心，多关注孩子的内心感受，以健康的心态引导孩子面对情感，让孩子在父母正确的指引下走向成熟。

第五章
帮孩子提高社交能力：交际能力的核心是说话能力

孩子在社交中难免会遇到各种烦恼，如受到打击、被欺负了、交到了坏朋友……常常令父母担心不已。如今，父母也越来越重视孩子的社交能力培养，因为一个人交际能力的好坏，常常会影响其日后的学习、工作和生活的质量。孩子的社会交往活动是从他降生第一天开始的，他的第一任社交对象，就是父母。他与别人的社会交往模式，都首先在父母这里得到练习，所以，父母怎样跟孩子打交道，孩子就怎样跟别人打交道。

我特别喜欢去幼儿园跟孩子们互动。但是我观察到了一个现象，就是有的孩子很活泼，也很大方，和谁都能聊到一块儿，班里的人都喜欢和他玩儿。但是，有的孩子，就是独来独往，不和人交流，自己坐在一个小角落里做自己的事儿，没有人愿意和他玩，他也不愿意和别人玩。

看到这样的孩子，我就会走过去主动找他聊会儿天，和他一块儿玩一会儿游戏。我发现这样的孩子通常不太擅长交流，并且我能清晰地感受到他和别人交流时的不自在，我其实很为这样的孩子将来的社交能力担忧。

3～6岁儿童是个体社会化发展的重要时期，孩子在这段时间的经历和体验以及在此基础上的社交能力发展，将会影响其一生。而孩子在幼儿园是不是容易合群、会不会交朋友，其实和家庭环境有很大的关系。

过去没有互联网的时代，孩子的社交活动主要在真实的环境中进行，孩子在互动中会发展出很多能力，比如沟通能力、认知能力、协调组织能力、应变能力等。现在随着互联网的普及、智能手机的流行，很多家长自己的社交活动都通过虚拟网络进行，能带着孩子主动进行社交活动的更是少之又少。

所以，如果你发现自己孩子有点排斥社交，或者在人群中显得沉闷，不要急着给孩子贴标签或者就认为孩子有社交障碍，而是应该问问自己：我有给我的孩子提供社交的机会吗？

乔治·华盛顿大学的心理学家莱金·菲利普斯认为，许多孩子不能与

第五章　帮孩子提高社交能力：交际能力的核心是说话能力

他人正常交往的原因，是他们没有学会基本的人际交往技能，从而也不能以正常的方式和别人交往。

在国外，社交力被称为 social skill，是一种可培养的能力，而非天赋。有研究表明，虽然说社交力和性格有一定的关系，但它主要受语言功能的影响，很多社交力弱的孩子，不是不愿意社交，而是受制于语言表达能力。比如，几个孩子聚在一起玩，你仔细观察就会发现，有些孩子特别会"聊天"，他们是话题的发起者或积极互动者，而有些孩子却接不上话，或插不上话，久而久之他就变得沉默了。

孩子的语言能力不会从天上掉下来，而是在你跟他日常互动的时候培养、锻炼出来的。语言能力和世界上所有能力一样，完全可以通过有意识的培养和反复的练习增强。

口语是社会生活的入场券，交际能力的核心是说话能力，因为交际的最直接形式是"说"。不会说，或者说不好，如何与人交际？因此，孩子会说爱说的语言能力从小就要培养，这将会为他们进行交往活动打下必要的基础。会说，说得巧，答得妙，其交际成功的可能性自然就大。

我建议，家长在日常生活中要注意多锻炼孩子说话的能力。比如，可以出一些模棱两可的辩论题与孩子进行辩论；也可以故意提出一些不正确或片面的观点，让孩子据理反驳。对孩子平时话语中的差错，家长得做必要的纠正，及时帮助孩子提高认识。平时，如果有可能的话，应鼓励孩子参加演讲比赛，鼓励孩子上课或开会时积极发言。多和别人交际，也是训练和提高表达能力的主要途径。表达能力是在实践中锻炼出来的。

人际交往是孩子迈向社会的必修课，良好的人际关系是孩子幸福感和人格成熟的来源。美国心理学家卡耐基认为：一个人的成功 30% 靠才能，70% 靠人际关系。孩子只有在与同伴、成人的友好交往中，才能尽早学会在平等的基础上协调各种关系，正确地认识和评价自己，形成积极向上的性格。

1. 孩子在学校老打架怎么办？

【情景案例】

我上二年级的儿子嘉嘉最近又和同学打架了，老师甚至告诉我，已经收到了不少家长的投诉。

刚开始我都害怕到学校门口去接他了，怕老师在众目睽睽下向我"告状"。这次我又接到老师电话，说他在科学课上和同学抢座位，还动手把同学打了。老师也不让他戴红领巾了，等表现好了再戴。

我们是来城里打工的，他爸爸半个月甚至一个月才回来一次。因为生活压力大，我也经常对他发脾气，也经常和他爸大吵大闹。我想，是不是从那时起，就可能伤害到了他，对他造成了很多不好的影响？在幼儿园时也出现过这样的情况。他性子急，出手重，没有耐心又不懂得忍让，现在我想补救还来得及吗？该怎么改，才能让他重新变成一个好孩子？

博士妈妈的话：孩子爱打架，你找对根源了吗？

孩子打人的原因很多也很复杂，并不一定都是出于恶意。有时候打架也是孩子旺盛精力的一种释放。但从嘉嘉妈妈的倾诉来看，嘉嘉从幼儿园时期就喜欢打人，性子也比较急，而且打人的时候出手很重，我初步判断，嘉嘉打人是一种攻击性的行为，也可以说是恃强凌弱。

在这种情况下，要找到这种行为的根源。孩子的攻击性行为往往具有特别强的效仿性。家庭是孩子最主要的生活环境，父母的教养方式和家庭氛围对孩子的行为影响很大，家长当着孩子的面吵架，为一点小事就大打出手，在这种家庭里，孩子有意无意效仿了父母的行为，在外面就会攻击其他小朋友或弱者。

孩子打架了，家长在批评孩子的时候，一定要注意方式方法。有些父母习惯根据自己的心情批评孩子，心情好的时候就轻描淡写，心情不好的时候，就会将孩子作为自己的出气筒。其实孩子对父母的情绪是特别敏感的，无论他是否做错了事，父母的坏情绪都会令他感到恐惧和无助。长此以往，孩子从批评中获得的不是是非的标准，而是看人脸色的本事。

这样会让孩子的是非观从小就变得混乱，长大后就会缺乏主见，难以形成独立的人格。还有些家长批评孩子时习惯将孩子的错误与个性发展混为一谈，比如，你真没出息，你真是个笨蛋，等等。这样的批评会严重伤害孩子的自尊心，容易让孩子把自己一时的错误和一生的发展混淆起来，产生自卑心理，特别不可取。

另外，孩子在学校表现不佳，老师来"告状"了，父母一定要高度重视，但不能仅以此下结论，更不宜对孩子进行特别严厉的批评，要把握两方面的关键信息：一是孩子和老师的关系如何；二是孩子身上可能存在的问题。父母要判断是孩子对老师存在偏见而故意捣蛋，还是老师对孩子有所误解。

如果说是孩子对老师有偏见，父母需要做孩子的思想工作，帮助孩子接纳老师，并主动向老师道歉，缓和师生关系。如果是老师对孩子有误解，家长也要认真思考孩子和老师发生误解的地方在哪里。父母只有做到心中有数，才能与老师进行积极的沟通，共同帮助孩子健康成长。

2. 孩子不合群，总沉浸在自己的世界里怎么办？

【情景案例】

我女儿多多今年7岁，刚上小学一年级。我跟老师交流发现孩子在学校表现不佳，最大的问题是老师说话她听不见，老师需要说好几遍才有反应，这个听不见有时候是沉浸在自己的世界里，有时候是听见了而不想对老师的话做出反应，就是不愿意做。

比如，老师告诉她要做课间操了，她不动也不想；中午吃完饭她也总忘记收拾餐具，需要屡次提醒才去做；跟班上同学也不怎么来往，语言表达能力差。

以前在幼儿园，她好像也经常沉浸在自己的世界里，上课也不注意听讲，注意力涣散，就好像老师说话跟她关系不大，上课属于滥竽充数的那种。回到家做作业也不专心，一会儿舔手，一会儿吹手，一会儿吸气。

她由爷爷奶奶带大，有点儿娇惯，依赖思想比较严重。爷爷奶奶住得偏僻，所以我每次去，发现她都是一个人玩，可能养成了不爱与人交流的习惯吧。我比较严厉，有时急起来还会打她，所以她说话声音小，有点胆怯，但是不打她，她又当耳边风，说几遍都不理睬，真不知道该怎么办了。

 **博士妈妈的话**：沟通能力是从亲子互动开始的，千万别错过。

从父母的描述看，7岁的多多很明显有人际交往和沟通的障碍。沟通能力是从亲子互动开始发展的。父母是孩子的第一任老师，透过日常生活中

的亲子交流和互动，孩子才会逐渐掌握怎样回应他人，怎样表达自己的想法、看法。

而多多从小和老人在一起，老人又住得偏僻，她几乎没有玩伴。显而易见，多多在1～3岁的学习说话阶段缺乏了这样的认知经验，到了幼儿园，无法和他人对话的问题便暴露了出来。

我建议家长多邀请多多同班级的孩子到家里来玩，或者常常带孩子串门走亲戚，让孩子在和小伙伴的互动中渐渐培养起交友的能力。同时，家长也要多与老师沟通，请老师对多多多一些关注和耐心，通过鼓励和表扬，重新帮多多树立人际交往的自信心。

多多妈还提到了一个孩子注意力不集中的问题。孩子的专注力比较差，实际上跟一些家长的不良养育习惯有关系，尤其是对孩子比较宠爱的老人。当孩子在玩或在专注一件事情的时候，老人也觉得孩子长时间在那玩儿，不喝水不吃东西，怕孩子饿着，于是，一会问孩子要不要喝水，一会拿点水果过来喂孩子吃，孩子好好的注意力就被这种"无知的爱"破坏了，久而久之，孩子不能长时间专注于一件事物，而是一会儿想这样，一会儿想那样，这必然会影响孩子将来上学时的注意力。

实际上在孩子成长的过程中，即使很小的孩子，如果遇到自己感兴趣的事情，也会非常专注、不折不挠地持续去做。这正是孩子注意力高度集中的时候，也是注意力发展的良好时机。因此，当孩子沉迷于某件事时，只要这件事不会对他自己和别人造成危害，父母就应尽可能不要打扰他。

需要提醒的是，对于一个一年级的孩子来讲，他们能够聚精会神地集中注意力在某一事物上的平均时间应该是15分钟左右。注意力分配的能力也比较低，不大适合同时做两件或者两件以上的事情。了解了这个规律，家长就要允许孩子学习一会儿就去玩耍一会儿，慢慢地再把这个时间从15

分钟延长到 20 分钟，再到 30 分钟。

像多多这种注意力比较涣散的孩子，我还建议父母多陪孩子做手工。做手工不但可以培养孩子动手和学习的能力，还可以特别迅速地提高孩子的专注力。父母做好表率，不半途而废，并注意让孩子模仿，这样长期坚持下去，孩子的能力提高了，专心专注的好习惯也就养成了。

第五章　帮孩子提高社交能力：交际能力的核心是说话能力 | 163

3. 高个儿子被女同学掐哭也不敢吭声，是不是太怂？

【情景案例】

我儿子兵兵今年读小学二年级。因为成绩差，心里自卑，常常被同学打却不敢还手，甚至是女生打他也不敢还手。

前两天晚上放学回来，我看他胳膊上青一块紫一块，就问怎么回事，他憋了半天才说是被同桌的女同学掐的。人家掐他，他痛得流眼泪居然也不敢吭声，还不敢告诉老师，这孩子是不是太老实了？以前我也跟孩子说过，如果有人无缘无故地欺负你，你觉得委屈了就打回去或者告诉老师。没想到他居然对我说，打人是不对的，如果老师批评我怎么办？我听了感觉很无语。他宁愿挨打也不愿被老师批评。

我儿子性格温和，虽然个子长得高却从不仗势欺人，喜欢小动物也很有爱心。人家都说他很善良，可我觉得有时候他有点儿窝囊，别人掐得他直流眼泪，他还忍着不还手不告诉老师，我理解不了这是一种什么心理，我该怎么引导他呢？

博士妈妈的话：既不能让孩子欺负别人，也要让孩子拥有反抗的勇气。

孩子被打了，是打回去还是告诉老师？这也是家长经常找我咨询的一个问题，因为在学校每个孩子都有可能碰到这种情况，我们小时候上学时也遇见过。那么，如何处理呢？我想从两方面来聊聊：关于打人的孩子和被打的孩子。

孩子在学校欺负了别人，有的家长可能没有自己孩子受欺负那么紧张和在意，觉得只要没对别人造成太大的伤害，自己的孩子没吃亏就万事大吉了，这种想法非常错误。

攻击性是人的原始本能。在儿童期，人的原始攻击性更强，所以，我们经常能看到动不动就扭打到一起的孩子。但是，父母如果在孩子特别小的时候不让这种攻击性逐渐理性化，长大后他就可能会变成一匹无法控制的野马。

有一个真实的故事，是我调研时一个社区主任告诉我的。社区有两个20岁出头的小伙，长得特别标致，但现在都被判了劳教，为什么？因为当年在农村，家里有两个男孩是很有脸面的一件事。在他们小的时候，孩子父亲常常得意扬扬地四处吹嘘"我有两个儿子，如果谁敢来我家闹事，我就叫他俩把谁给打趴下"。两个儿子听着父亲这样的教导长大，从小就争强斗狠，小时候打小架大了就打大架，最后就进了看守所。

所以，一旦发现孩子无故攻击了其他孩子，不管对方有没有受伤，一定要认真严肃地批评，并要他道歉。家长更不能当孩子的帮凶，要教会孩子与人为善。

再来说说受欺负的孩子。像兵兵这样受欺负不还手的孩子，往往不懂得自我保护，也容易成为被攻击的对象。作为父母，首先要做的就是让孩子勇敢坚强起来，这一点非常重要。

具体该怎么做？首先告诉孩子，受到伤害了就要及时制止对方。比如，可以大声地呼喊，让别人都知道有人在欺负他，对方也会开始害怕，这也是一种抵抗；如果对方不停止，那么要及时跑开，避免进一步伤害。

如果孩子长期被同学欺负，就要鼓励孩子及时求助老师，告诉孩子，这不是"打小报告"，而是合理的求助，是不会被批评的。我们被坏人欺负，不也会报警吗？一定要请老师帮忙制止打人这种不良行为。如果找了老师还得不到妥善处理，家长就应该出面跟老师沟通。

如果和同桌之间有比较深的矛盾，建议老师调整座位；是和班上其他孩子的矛盾，建议老师从引导教育的角度和打人的孩子沟通；如果跟孩子的沟通效果不明显，就通过老师和对方的家长进行沟通，起到震慑作用。

其次，要教会孩子一些交际智慧，这一点也非常重要。受欺负的孩子往往孤立无援，因为如果有朋友的帮助，别人也不敢随意欺负他。做一个乐于助人的人，才容易交到朋友。

另外，让孩子建立自信。孩子经常被欺负，多数都因为自卑、害羞的性格，别人怎么欺负都不敢回嘴，要帮助孩子从小树立自信心，培养孩子敢说敢做的性格，同时要合理引导他敢说敢做而不盲目做，学会自己保护自己。

总而言之，既不能让孩子主动欺负别人，又要教他自我保护，拥有反抗的勇气。

4. 新学期，孩子遇到了一个"坏同桌"怎么办？

【情景案例】

我女儿朵朵这学期上小学二年级，是个很乖巧的孩子，平时在学校自律性很强，学习成绩也不错。但这学期开始不久，朵朵就跟我说，她和全班最调皮的一个男孩做了同桌。这个男孩上课时总是打搅朵朵，不是拿她的书，就是拿她的文具，或者同她说话。女儿回来告诉我她很苦恼，我先让她找老师反映情况。

朵朵说，老师后来也批评了这个同学，可他只要老师不在，就变本加厉地玩恶作剧捉弄朵朵。朵朵坐在里侧，这个男孩坐在过道边。每每课后朵朵想去厕所方便时，这个男孩便故意将凳子和身子都往后靠，堵住朵朵的出路，朵朵有次差点被憋得尿裤子。

都说孩子会近朱者赤近墨者黑，跟一个"坏同学"做同桌，不但影响孩子的学习，还可能养成坏习惯。我是不是该找老师给朵朵调换同桌呢？

博士妈妈的话：遇到"坏同桌"也是成长的助力。

家长遇到这种情况，肯定是第一时间给老师反映，请老师换座位。因为孩子本身年纪小，处于一个克制力比较差、容易被环境影响的时期。久而久之，就算他是位自律性很强的孩子，也有可能被这位"坏同桌"拉下水，与同桌一起上课讲话、搞小动作等。

不过，孩子上小学后，生活中不仅有学习，还有同学、老师，学校也是个小社会。在这里，他会遇到不同性格的同学、不同风格的老师，都需要孩子去学习、去适应。现在你可以要求老师为孩子选择同桌，以后当他长大成人步入社会，在团队合作时，遇到难缠的队友，在工作时，遇到性格不合的同事，你能再帮他选择共事的伙伴吗？所以，与其逃避，不如教孩子学会如何处理好同桌关系，这正是孩子人生初期所要面临的重要人际问题，授之以鱼不如授之以渔。

那么，究竟该怎么做呢？我的建议是，首先可以跟孩子讨论怎么面对"坏同桌"。孩子本性善良，并不是真正的坏。他为什么要对你恶作剧？为什么总是要拿你的书？为什么总找你讲话？有没有什么背后的原因呢？让孩子多与他的同桌沟通，发现问题才能解决问题。

另外，引导孩子善于发现别人的优点。同桌虽然调皮捣蛋，但是点子多，脑袋灵活，也许他还是一个很幽默的人，也许他很会讲故事……人的性格是多样的，要让孩子知道每个人的性格都不同，学会欣赏别人的优点，学会包容，也是孩子应该具备的一种优秀品质。

同时，我们也可以告诉孩子，同桌学习不好，你可以帮助他，比如约法三章，互相监督，一起进步，这样你自己学到的也会更多。让孩子学会保持良好的心态，懂得看别人优点的人，身上总是充满了正能量。长久下来，孩子可以结交很多知心朋友。

孩子没有真正的坏，遇到"坏同桌"，也是孩子成长的一种助力。合理引导，学会欣赏包容，同时带动别人，孩子将会更快乐、健康地成长！

5. 儿子被冤枉后又被同学孤立该怎么办？

【情景案例】

我儿子大为现在上小学二年级，学习成绩不错。他在家强势，在学校却什么都不敢说。他原本和另外三个男孩关系很好，有时老师还会叫他们一起帮忙干一些活，但前段时间发生了一件事，导致他们的关系出现了问题。

事情的起因是儿子和三个同学一起帮老师分发作业本，结果发现少了几本。另外三个男孩都认为是我儿子弄丢的，虽然后来老师在课桌下找到了那几个本子，但老师还是批评了他们四个人。从这以后，那三个男孩就不跟我儿子玩了，甚至还会嘲笑我儿子。我知道后，让儿子主动跟同学们解释并重新交朋友，但儿子觉得自己没有错却被同学孤立，他很不好受，有点不想上学。我不知道该怎么宽慰孩子，也不知道该如何帮孩子处理这个问题。

博士妈妈的话：孩子被孤立，要"陪"他而不是"替"他解决问题。

孩子在学校里交不到朋友，或者被朋友孤立，对于大多数孩子来说都是非常可怕的。与被同学打这一类的显性校园暴力比起来，被同学孤立属于隐形的校园欺凌，我们也可以称之为"关系欺凌"。虽然这种欺凌从表面上来看，孩子们之间只是不再有互动，相互不理睬，但对于被孤立的孩子来说，他可能像走进了情感的沙漠，有一种被关进小黑屋的恐惧感。

那么当孩子遭遇这种情况，家长该怎么做呢？我的建议是，家长首先应该听听孩子怎么说，了解这件事情的真实的状况，然后安抚好孩子的情绪，可以告诉孩子，很多人都会面临这个问题，不一定是坏事情，而且你会站在他身边，支持他、帮助他走出这个困境。

但像大为妈妈这样，在是非黑白还没弄清楚前，就忙于让孩子去跟对方解释或者道歉的做法我是不太赞同的，这样只会让孩子更委屈，让他更想逃避。

安抚好孩子之后，家长不妨和孩子一起分析他被孤立的原因，并和孩子一起商量解决问题的方案。如果孩子被孤立是因为特立独行的个性或者智力特别超前，那么可以让他适当低调一点；如果是因为某些不良行为习惯，比如不讲卫生、以自我为中心等，那就帮助孩子改正；如果孩子被孤立是因为胆小内向，平时家长可以多肯定孩子，让他变得自信开朗一些。在这个过程中，父母要一直关注事情的变化和发展，及时掌握最新的情况。

以上这些自我调整如果依然不奏效，家长就要出手干预了。比如大为的这三个同学，可能当中就有一个是孩子王，我们就找这个孩子王的父母沟通一番，毕竟孩子才上二年级，大多数孩子还是会听父母话的，让对方家长和自己孩子聊聊，我觉得也是一个解决问题的办法。另外，家长还可以及时跟老师沟通，现在的班级一般人数都比较多，有时候孩子的一些异常状况，老师一时难以察觉，尤其是这种关系欺凌，更加难以被发现。所以，遇到这种情况，不妨请求老师协助。像大为分发作业本这件事，如果不是大为的错，老师公开说明情况或许就能帮大为解除误会，重新获得小伙伴的接纳。

如果通过种种努力都没有办法解决孩子被孤立的境况，就要考虑让孩子调换班级或者转学。孩子被孤立，是他人生的重要经历，处理得当，会让孩子增强面对困境的信心。所以，家长在引导、处理这类事情的过程中，要回归孩子本身，"陪"孩子慢慢解决问题，而不是大包大揽"替"孩子解决问题。

6. 孩子在学校遭遇语言暴力怎么办？

【情景案例】

我儿子7岁，刚上小学一年级，这两天孩子突然对我说，班里有一个小男孩儿总是跟他过不去，经常口头威胁他，有语言暴力的意味。比如我儿子个子比较矮，他就骂他是"矮冬瓜""矮胖墩"之类的。他还企图孤立我儿子，看到别的同学跟我儿子说话，就插话说："别理他，别跟他玩儿，他不是我们原来幼儿园的。"有时，还会用一些威胁性的话："我会武术，信不信我一脚踹死你。""你要敢告诉老师，小心我揍你。"

我也不知道他们之间发生了什么，只听儿子说过，有一次玩游戏，他跟他组队输了，之后两人就这样了。现在，我儿子很害怕去上学，怕见到他，该怎么办呢？

博士妈妈的话：鼓励孩子"不要对痛苦保持沉默"。

近年来，无论是新闻里还是影视剧里，关于校园暴力的话题一直不绝于耳。语言暴力实际上也是一种校园欺凌，甚至是一种比殴打对孩子的心理影响更加严重的欺凌。长期遭受语言暴力的孩子，性格会变得胆怯自卑，甚至可能心理扭曲。所以当孩子告诉你有这样的事发生时，家长一定要引起高度重视，不要觉得这只是孩子之间的小打小闹，先耐心倾听完孩子的讲述再做判断，你的认真倾听对孩子来说就是一种很好的安抚。然后，坚定地告诉孩子，爸爸妈妈会帮助他、支持他，让他觉得心有依靠。

第五章　帮孩子提高社交能力：交际能力的核心是说话能力

根据我们的观察，在校园里容易遭遇欺负的孩子大多数性格比较胆小、内向，对于这类孩子，家长在了解情况后，首先要鼓励孩子自信、勇敢，不要对痛苦保持沉默，也不要一个人硬撑，要勇敢地告诉家长、老师，寻求帮助。默默地忍受只会让对方觉得你好欺负，寻求帮助不是害怕，而是用更加公平的方式减少伤害的发生。

同时，家长也要理解，在学校生活中，老师没有精力照顾到每个个体，因此家长要多与自己的孩子交流，了解其在学校的遭遇，一旦发现不好的苗头，及时联系老师，尽量在矛盾出现的初期就帮助孩子解决。

再者，平时我们可以给孩子看一些比如像《不！我不喜欢被推搡》这样的绘本或相关影视剧。通过这些介质告诉孩子，在校园里也许不是每个同学都很友好，可能会遇到特殊事情，告诉孩子遇到的时候该怎么处理，教给孩子相应的应对技能，有备无患。

然后，鼓励孩子多交朋友，一般有朋友的孩子不容易受到欺负。我建议可以让孩子跟年龄大一点的孩子交往，比如7岁的孩子可以跟10岁左右的孩子玩耍，跟年龄比自己大的孩子交往能帮助孩子学习、观察与人交往的技巧，增强自信。从孩子自身健康发展的角度来说，家长还可以引导孩子提升自己的综合素养，多参加一些集体活动，培养一些兴趣爱好，积极进行体育锻炼，等等。阳光、开朗的孩子更受大家欢迎，也能交到更多的朋友。

对那些欺凌者的家长，我也想说孩子是父母的镜子，熊孩子一般都是熊父母造成的。每一位家长都有责任教育好孩子，既要学会自我保护，也不能欺负别人。如果发现孩子有不妥的言行，家长应明确制止，不能纵容孩子恃强凌弱、肆意妄为。

7. 儿子和"坏小孩"交朋友怎么办?

【情景案例】

我儿子读小学四年级,性格开朗喜欢交朋友,在学校里和很多同学都玩得来。但我发现,和他走得最近的却是几个成绩不好、调皮捣蛋的孩子。就在前阵子,以前从不欺负同学的他,居然跟那几个小孩一起戏弄了一个矮个子同学。我知道后,狠狠地批评了他一顿,禁止他再跟那几个调皮小孩玩。

但一段时间我没注意,他又和他们走到一起了。考虑到孩子年龄小,心智还不成熟,特别容易受到外界环境的影响,我很担心他跟这样的孩子交往多了会被带坏。虽然我也对儿子说过一些跟"坏小孩"交往的后果,但儿子总是一副不以为然的态度,我说多了,他还捂着耳朵嚷嚷"不听不听",似乎生出了逆反心理,后来干脆只跟那几个小孩玩,不跟其他同学交往了,我真的很担心,一直这样下去儿子不知道会变成什么样子。

博士妈妈的话:不要替孩子选择"朋友圈",尊重他交友的权利。

我一直认为孩子没有好坏之分,好孩子、坏孩子不过是成人给他们贴的标签。什么样的孩子才算是好孩子?成绩好的孩子的确有勤奋努力的一面,但一些成绩不好的孩子身上往往也有着重感情、讲义气、见多识广的优点。难道这些比较调皮的孩子都是所谓的"坏孩子"吗?如果简单地把这些孩子贴上"坏孩子"的标签,那么这个阶段绝大多数男孩子都算不上好孩子了。

所以，我建议家长对孩子交朋友不要采取"一刀切"的态度，那只会引起孩子的逆反心理，家长需要做的，不是去帮他挑什么朋友，而是要去了解孩子喜欢和什么样的人交朋友，他为什么喜欢和这样的人交朋友，在尊重孩子的前提下，再教给孩子一些正确识人、交友的方法和原则。交朋友不是看成绩，更不是看家境，而是看孩子是否善良、正直、诚实等，家长也不能直接对孩子说不能和"坏孩子"玩，应该说他不能学习什么，讲好原因，进一步引导他。只有这样，才能让孩子懂得什么是真正的友谊，才能让孩子拥有一个更好的交际圈，对孩子的未来才有积极的作用。

再者说，物以类聚，人以群分。人更愿意与和自己相似的人在一起。你是一个什么品质的人，可能就会吸引什么品质的人和你交朋友。如果你的孩子不喜欢撒谎，他也不会喜欢爱撒谎的朋友；如果你的孩子同理心强，他也不会喜欢自私的朋友；如果你的孩子喜欢学习，他更愿意和喜欢学习的孩子一起玩。

所以，如果你想孩子以后有一个特别好的朋友圈，首先要把自己的孩子培养成一个优秀的人，并尽量给孩子营造交到好朋友的机会，比如鼓励他去参加兴趣班、游学等，随着孩子社交面的不断扩大，他就有机会认识更多的新朋友了，会自然远离不合拍的朋友。

一个人的成长受多方面因素的影响，这是一个非常复杂的过程，孩子除了要上学吸收知识以外，人生另一个很重要的课程就是学习跟不同的人相处。我们要让孩子有机会接触不同个性、文化背景、习性的人，这样他才会知道怎样和不同的人相处。如果我们抱着鸵鸟的心态，一直禁止他跟这个玩、跟那个玩，他反而会失去学习抵抗诱惑的机会。所以，更有效的方法是教他怎样去应对，这也是孩子的成长之课。

8. 女儿的玩伴太强势，我该介入吗？

【情景案例】

我女儿今年6岁了，上学前班，她特别喜欢跟一个小女孩玩，而这个小女孩特别强势。班上有一个魔仙队，这个小女孩是队长，想加入魔仙队的都要听她的话，还要送东西给她，不然就会被踢出局，还要受惩罚。

我女儿很想加入，而这个小女孩提出要求，要我女儿当她的宠物角色——"小狗"，孩子回来后告诉我，她当"小狗"不开心，但又不想离开这个队伍；小女孩还总莫名其妙地生气，说"我不和你玩"这样的话，每次都是我女儿妥协；玩游戏的时候也必定是小女孩来定规则，她说什么都是对的……我有点担心，女儿是不是被欺负了，我该介入吗？跟这样的朋友长期交往，对我家孩子的性格养成会不会产生负面影响？

博士妈妈的话：儿童社交也有原则和技巧。

我觉得孩子想跟什么样的人交往，他愿意跟谁一起玩，都是孩子可以自己决定的事情，但家长可以和孩子讨论一下真正的好朋友应该是什么样的，在一起到底志趣相投重要，还是相互尊重重要。

比如，可以和孩子聊聊："你和你喜欢的这个小女孩一块玩儿有什么乐趣？这个好朋友什么地方最吸引你？"当发现孩子在互动时因为对方强势，表现出了委屈，可以让孩子把这种感受直接表达出来。"她哪些方面的做法让你感觉不舒服？如果感受到了委屈，你想怎么做？"等等，和孩子把这

第五章 帮孩子提高社交能力：交际能力的核心是说话能力

些情况都弄清楚之后，才能知道怎么做进一步的引导和培养。

最基础的一点是要让孩子知道人和人之间都是平等的，所有的关系也都是不断变化的，并不是一个人的单向付出就可以让友谊关系更加稳定和持久，不存在这样的定义。要清楚自己的底线，只有这样才能维持自己的独立性。

如果孩子说："我很想和她成为好朋友，所以她生气的时候，我只好让着她。"这时可以试试这样教孩子："当你觉得对方霸道的时候，你应该说出自己的想法和感受。你可以说'我想要这样玩儿'，或者说'你排队抢在我前面的时候，我会生气。我想我们轮流玩，这样才公平'。"我们和孩子共同探讨怎样应对这样的情形，让孩子也说说自己的想法，再遇到类似的状况时看看哪个办法更好用。

有些家长遇到这些问题可能会抱着"惹不起躲得起"的心态，让孩子主动远离性格比较强势的"小霸王"。其实，这种想法是有些鸵鸟心态的，说穿了就是"逃避型人格"。孩子不可能永远生活在家长为他打造的"真空"环境里，不能一遇到这种情况就立刻把自己封锁起来，这不是正确的解决办法。

同时，平时要培养孩子在社交上的自信心。我特别鼓励孩子跟比自己稍微大一点的讲文明、懂规矩的优秀孩子一起玩，因为孩子最善于模仿，和优秀的伙伴交往对他社交能力和沟通能力的培养有非常好的示范和引领作用。他也能在不断的练习、不断的掌握当中获得自信，找到属于自己的真正友谊。

9. 孩子要给同学送贵重礼物，该支持吗？

【情景案例】

我女儿蕾蕾今年12岁，在班上她有几个好朋友。蕾蕾过生日的时候收到了这几个好朋友送的礼物。最近她有个好朋友过生日了，她想回送同学礼物，找我要200元。其实，我每个月会给她100元左右的零花钱，但她说不够，她看中的那个礼物要400多元。我听了之后，劝阻女儿买礼物不要买这么贵重的，只要能表达心意就好。

可女儿说，平常过生日，同学之间送的礼物都是值好几百元的，如果她送得太寒酸，怕同学瞧不起。我就继续教育她说："你们还没有赚钱，怎么就先学会攀比了？父母赚钱也不容易啊。"没想到蕾蕾就是听不进去，还大哭了一场。看着女儿难过，我很矛盾，互相送礼物也是孩子之间的一种交际，可我又不想她因此而养成爱攀比、虚荣的品性，我该怎么跟孩子说呢？

博士妈妈的话：巧妙沟通，用心送礼。

现在的孩子家庭条件都比过去好，购买礼物时，谁花的钱最多，谁就有面子，确实形成了不好的风气，而且一部分家长溺爱孩子，只管给钱，不管孩子如何花钱，甚至经常用赏钱强化孩子的学习，这些都在某种程度上助长了孩子不良的金钱意识和价值观念。

对于一些家庭来说，虽然二三百元的消费并不多，但如果不引导孩子正确消费，孩子很容易患上"消费奢侈症"。

孩子要钱送贵重礼物给同学固然不能支持，但如何沟通才能让孩子更容易接受呢？蕾蕾妈妈不妨这样和孩子交流："你是不是特别在乎你这个朋友？我也懂你现在买这么贵重的礼物是希望跟她关系更好，你有这个想法妈妈很支持，但我想说的是，你不能因为你们关系要好，就去买过于贵重的礼物。或者，因为同学之间的攀比而去买超出你现在消费能力范围的礼物，那样不仅会给自己带来负担，也会给好朋友带来负担。当你过生日的时候，她是不是也要买更贵的礼物送给你？她是不是也会很有压力？"

孩子的商品价值观念一般还很淡薄，把道理给她讲清楚，并不是爸妈舍不得花钱，而是对真正的朋友，用心意比用爸妈的钱买的贵重礼物更珍贵。以和孩子共情的方式循循善诱，才会让他心服口服，最好还能帮他一起想出合适的礼物。

家长可以给孩子建议，让孩子学会从对方的立场考虑，从朋友的兴趣出发选择礼物，而不是将价格放在首要地位。比如，编个小围巾，自己做一张卡片，或者准备一幅绘画作品，一个有趣的小视频，等等，在这样的备礼过程中既能增长孩子见识，又能让孩子懂得关爱朋友，岂不是一举两得？

同时，从送生日礼物这个事件出发，也可以趁机给孩子进行财商教育，让孩子做好规划：今年有几个朋友过生日，需要花多少钱，让孩子自己列出来，然后约定好钱数，如果中间出现变动，家长可以帮孩子出主意，比如匀一匀或者自己制作礼物，而不是直接给孩子额外的钱。平时，给孩子买东西时由孩子自己来付钱，让他学会记账，了解自己的索取与父母的付出，这不仅能让孩子懂得感恩、节制消费，还能培养孩子的家庭责任感。

10. 孩子被同学取绰号，怎么办？

【情景案例】

尧尧这学期刚上初一，开学的第一周是军训，有一次因为孩子的一个动作没做好，教官就随口说他这个动作做得像"猴子"。

之后，班上的同学和同年级的孩子都叫他"猴子"。孩子也对我说，同学叫他这个绰号他很难受，但我没有特别在意。

一次偶然的机会，我在学校听到同学当面这样叫他，那一刻切切实实我都感到很难受。晚上，我对孩子说，你可以找老师，请老师帮忙解决。孩子说，他找过老师，老师也批评了叫他绰号的孩子，但过一段时间依然如故。而且，他现在好像有点逆来顺受的意思了，说反正他做得差，别人怎么对他都无所谓了。作为妈妈，我感到很无助，我该怎么办呢？

 **博士妈妈的话**：把"绰号"问题冷处理，增强孩子的自信心。

在童言无忌的年纪，孩子们都会互相开玩笑起绰号。通常来说，孩子是不喜欢也不愿意别人给自己起绰号的，因为像"猴子""四眼仔""矮个子"等绰号，等于把孩子某一点缺陷放大了，给孩子贴上了难听的标签。

但也有的孩子喜欢他的绰号，比如强强长得很高大，经常帮助同学抬桌子、扛东西，于是他就被同学起了一个绰号叫"大力士"，强强心里还挺满意的。

所以，家长先要问清孩子对自己绰号的看法，如果孩子喜欢那就不用

第五章　帮孩子提高社交能力：交际能力的核心是说话能力

干预，如果是对孩子带有侮辱性和歧视性的绰号，家长就要采取措施，不然这个绰号可能会伴随孩子一生，会成为他一辈子的阴影。

演员杜江在一个节目里做过一个很好的示范。当时，儿子嗯哼委屈地说被同学起绰号叫"肚脐眼"了，爸爸杜江马上说："巧了，我也是。"他用自己的"相似遭遇"消解了孩子的情绪，嗯哼果然就没那么难过了。杜江这番话就是为了告诉儿子，被同学起绰号没什么大不了的，他们也许并没有恶意，看爸爸小时候也被大家叫"肚脐眼"啊。

所以，当发现孩子被取不雅的绰号时，我们需要正视孩子的感受，先肯定、认可自己的孩子，从各个方面建立起孩子的自信心，有强大自信心的孩子是可以很好消化"被起绰号"这件事儿的。

家长也可以告诉孩子，摆正心态，不要把绰号看得太重，时间会冲淡一切。你越在意，别人就越叫，你越不在乎，他们就会觉得没意思，就渐渐没了兴趣。

值得提醒的是，家长千万不要不分青红皂白直接介入，用成年人的方式替自家孩子"出气"，这是不利于解决问题的方法，反而会导致问题扩大化，也会让孩子解决冲突时更手足无措。另外，孩子委屈哭诉时，也不要对孩子说"你真没用"之类的话，这是非常错误的情绪反应，会导致孩子不敢再跟家长倾诉，从而选择压抑自己；更不要鼓励孩子"以暴制暴"反击报复，你叫我绰号，我也给你取绰号，报复行为会让孩子再一次体验欺凌，加深心理创伤。

所以，对孩子被取绰号这事，好的绰号欣然接纳；对不好的绰号，教育孩子冷处理，同时适时向老师求助。也建议老师不妨针对学生起绰号的行为开展辩论，让孩子通过辩论、反思，了解起绰号的利与弊，纠正不良倾向，这样做比简单的制止更有效。

11. 贵重的物品被同学弄坏了，该索赔吗？

【情景案例】

我给孩子在网上买了一块价值1700元的电话手表，这半个月，孩子每天都戴着这块电话手表上下学，很爱惜。她同桌是个男生，前两天参加一个体育比赛，需要电话手表的秒表功能，正好这个男孩自己忘带电话手表了，就找我女儿借用一下。

平时，女儿跟这个男孩关系还不错，就借给了他。男孩体育比赛结束后，匆匆把手表塞给我女儿就跑了。我女儿仔细一看，才发现电话手表的电子显示屏被摔坏了。女儿很生气，因为她很喜欢这块表，我也很心疼，毕竟价值不菲。找这个孩子的家长索赔吧，我又担心女儿和这个男同学的关系也许因此就弄僵了，甚至担心因为这件事让女儿被其他同学孤立，我应不应该索赔呢？

📢 博士妈妈的话：棘手的问题也是孩子成长的契机。

我觉得，这样的事情其实可能发生在每一个孩子的身上，只不过有的东西不那么贵重，一些家长就小事化了，简单安慰一下孩子："坏了就坏了，我们再买个新的。"

有的东西贵重一些，孩子的委屈也大一些，把事情看得重一些的家长，就会想办法找对方家长或老师出面解决调停。

而无论从哪种解决方式出发，家长都应该先明确这个矛盾是发生在孩

第五章　帮孩子提高社交能力：交际能力的核心是说话能力

子之间的，孩子们在一起玩的时候，发生摩擦、损害彼此物品是常有的事，不必把这看成很严重的问题，但对孩子的求助，我们要认真对待。

首先，可以鼓励孩子自己谈谈处理这件事的想法，这是给孩子独立思考的机会，让孩子意识到自己的想法也很重要，给他解决问题的自信心。

接着，可以和孩子一起讨论这件事，家长可以从成人的视角出发提出一些解决问题的方案。在此过程中要让孩子知道，如果为了维护友谊而选择对朋友的错误忍气吞声，这并不是宽容，要求对方赔偿也是合情合理的，每个人都应该为自己的错误承担一定的代价，每个人也都有权利通过各种方式维护自己的合法权益。

同时，也要提醒孩子，我们应当重视的不是赔偿本身，而是对方对这件事的态度。如果对方能承认自己的错误，诚恳道歉，那么，我们可以适当降低赔偿款；如果对方家庭经济困难，赔偿有难度，我们也可以体谅朋友的难处放弃赔偿；但如果对方毫无悔意，并拒绝认错，那我们就坚决公事公办，爸爸妈妈一定会坚定地支持你，让这件事情有个合理的交代。

你要让孩子明白，我们不惹事，但不怕事也不躲事，这也是做人的原则。面对困境，父母永远是他最坚强的后盾。

接着我们就可以和孩子探讨一下处理这件事的技巧和方法了，究竟是和对方面对面地谈赔偿比较好，还是找来老师和家长一起协商解决更合适。最后，无论结果如何，都可以和孩子总结其中的经验和教训，避免类似的事再次发生。同时让孩子了解，当自己损害了别人的东西时应当如何处理。

家长要清楚的是，孩子成长过程中其实遇到的每个问题都蕴含着解决的"种子"，如果父母能帮助孩子找到解决问题的办法，就能把问题变成孩子成长的契机。

12. 女儿总偷拿同学东西，该怎么让她改正？

【情景案例】

我女儿珊珊今年8岁，上二年级，已经被老师反映了多次偷拿同学文具的问题了。其实，在幼儿园的时候，我就跟她说过物权的概念，不属于自己的东西不能拿，可说过后还是发现她有偷拿。

她六七岁的时候也发生过偷拿文具店的笔、超市的糖的行为，事后，我们带着她回去道歉，并把她偷拿的东西付款，后来就没再发生过偷拿商品的事情了。但就在这学期，我时不时会从她书包里发现不属于她的笔、橡皮等小东西，一开始我没特别在意，直到有一天我在她书包里发现了好多荧光笔。当晚，在家长的微信群，有家长指名道姓地说有同学看到女儿拿了。我问女儿，她一开始不肯说，直到我打了她，她才承认是觉得这个笔好看就偷偷拿了。请问有什么好方法让她改掉这个坏习惯？

**博士妈妈的话：先别给孩子贴标签，多用理性引导。**

其实作为家长，我很理解珊珊妈妈的心情，父母是害怕孩子误入歧途。我觉得这件事情应该引起家长的高度重视，但也不要急于给孩子贴标签，因为对于年龄小的孩子来说，他们也许还意识不到什么叫偷窃，只有"喜欢就想占为己有"的想法，所以家长一发现孩子有这样的行为导向就打骂肯定是不对的。

我建议父母从自己身上查查原因，亲子教育是不是出现了一些漏洞？

对孩子的关注是不是少了？先从关注和了解孩子的需求出发找出这种"偷窃"行为背后的根源，再"对症下药"。

比如，珊珊经常偷拿同学的一些小文具，那么爸爸妈妈就要了解珊珊是不是有购买文具的需求没有被满足，如果是，在陪孩子购买的同时就可以引导孩子区分物品的归属权，并明确告诉孩子，不经过别人同意就把东西拿走，这种行为是不对的，有需求可以让妈妈爸爸给买。还有一种情况，孩子是因为感到孤独或者想要发泄什么，而通过偷窃来弥补或释放，如果是这样的话，家长就应该给孩子更多关爱，陪伴孩子成长，同时传达给孩子正确的观念。

除了要教育孩子"拿别人东西是不对的"之外，父母在第一次发现孩子有这样的行为后，一定要孩子把拿了的东西主动归还并向对方道歉，也可以通过老师帮忙把东西还回去，让孩子自己做深刻的检讨。如果是贵重的物品，父母也要承担赔偿的责任，以身作则地让孩子明白要为自己的行为负责。

如果孩子这种情况比较严重，还可以对他进行警示教育，比如通过一些小故事告诉孩子偷窃别人的东西是让人厌恶的行为，久而久之不会有任何人愿意跟他做朋友；或者通过看一些文字图片资料，告诉他偷窃行为需要承担的后果，让孩子知道这件事情的严重性，这样才能让他在内心深处产生触动。

需要注意的是，还有一种比较极端的情况，也有一些孩子什么都不缺，但就是想拿别人的东西，因为觉得可以获得一种心理上的快感，而且年龄越大，情况越严重。如果出现这种状况，要及时带孩子看心理医生，接受一些专业的心理疏导和治疗。

总而言之，为人父母是一场修行，当发现孩子犯错时，家长先不要急着下定义，给孩子贴标签，面对孩子请多点耐心和爱心，帮助他健康成长。

13. 女儿被老师冤枉，挨了批评后要转学，怎么办？

【情景案例】

我女儿丽丽今年8岁，刚上二年级，前几天一回家便号啕大哭。原来，她上课时和同桌讲话被老师批评，她顶嘴，老师就让她罚站。情绪发泄一会儿平静下来后，女儿说自己是被冤枉了："是同桌找我说话，我本来是在跟她说下课再说，没想到老师看见了，不分青红皂白就批评我，我解释她还让我罚站，我讨厌这个老师，我要转学。"

我女儿的性格从小就比较叛逆，孩子和这位老师发生冲突不是第一次了。还有一次，因为数学作业有两个填空没填全，被老师推了两下头，孩子觉得老师这种行为是侮辱她，就对着老师喊了起来。

现在又发生这样的矛盾，女儿说，除非老师向她道歉，否则她就不去上学了。遇到这种情况，我该不该给她换学校呢？又应该怎么和孩子沟通？

博士妈妈的话：既要维护好老师的权威，又要抚慰孩子。

孩子和老师发生矛盾，如果处理不好，家长往往是在推波助澜，加大双方沟通的难度，一旦孩子和老师的关系恶化，让孩子从心里开始厌恶老师，或者因为父母对老师的不尊重，而让老师在孩子心中失去了地位，那么，老师的教育很快就会在孩子身上失效，逃课、厌学的情况都可能发生。

所以，我的建议是，如果发生了这种情况，家长一定要弄清楚事情的来龙去脉，全面客观地了解孩子的在校情况。如果是孩子错了，也不要责骂孩子，给他一个倾诉的机会；如果是老师错了，家长也要引导孩子理性看待问题,不要当着孩子的面说老师的缺点,避免强化孩子对老师不满的情绪。

父母可以淡化老师批评的方式,而去强化老师批评的目的。比如我们可以这样跟孩子讲:"老师的工作很辛苦,她要管几十个孩子,哪能十全十美?她在课堂上批评你,也是希望你好对不对。虽然老师误会你了,但每个人都有可能会犯错、做错事,老师也一样。我们给老师一个改正错误的机会,好不好?"这样对孩子讲,不仅安慰了孩子,消除了孩子对老师的愤恨,也利于孩子养成宽容大度的好品质,让孩子慢慢学会接受不完美的人和事。

此外,父母要架起老师和孩子之间沟通的桥梁,成为改善孩子和老师关系的纽带。有些孩子和老师闹矛盾,不想让家长和老师交涉,其中可能有更深层次的原因,可能是孩子和老师的关系已经很僵了,如果那样肯定对孩子成长不利。作为家长可以和老师私下交流,解除误会,通过老师和孩子双方的努力,最终让他们的关系走上正常的轨道。平时可以多给老师打电话,把孩子在校和在家的表现综合起来观察,起到防微杜渐的作用。

如果通过和老师沟通以后,孩子还是没有办法调整跟老师相处的状态,在条件允许的情况下,我们也可以考虑为孩子转班或者转学,当然这是最后的打算和安排。

另外,我们也要给孩子进行一些挫折教育,因为他长大以后进入社会也会碰到形形色色的人,会遇到形形色色的事情,最重要的是要有这种化解矛盾、处理矛盾的能力。比如,鼓励孩子主动跟老师解释,如果孩子觉得当面说不方便,也可以通过给老师留小纸条或者写日记等形式达到目的,鼓励孩子学会自己解决问题。如果孩子通过自己的努力把问题解决了,那么不仅能搬去他心中的"大石头",而且以后他应对成长路上的问题时也会更加从容和智慧。

14. 儿子总羡慕同学家有钱，我该为他换班吗？

【情景案例】

我们家住在一个小县城，5年级后为了让孩子考个好点的中学，周末和暑假我都会带他到省城上培训班。培训班的孩子大部分是省城的，穿着打扮明显都比我们家强，时间长了，总听他说"谁家的爸爸是董事长，他们家多有钱""谁又出国去参加比赛了""某某同学请客很大方"，还经常羡慕他们上的学校比县城好，经常有各种社团活动，等等，抱怨自己家怎么在小县城……我听了之后心里也很不是滋味。我带他来省城上培训班，已经是倾尽全力了，他却还跟同学攀比。同时，我又很着急，这个年龄段的孩子正处于世界观、价值观、人生观还没完全确立的时期，我担心他在这种环境下耳濡目染，价值观也会出现偏差。但是，我现在只讲一些冠冕堂皇的大道理好像又不能说服孩子，我该给他换班吗？

 **博士妈妈的话：不妨换个环境，带孩子去吃吃生活的苦。**

对于妈妈的问题，我觉得事情并没有她想象得那么严重。12岁的孩子还处于心智发展期，世界观、价值观、人生观的养成还可以慢慢培养，家长不必过分担忧，孩子出现这种情况只是他特别缺乏自信的表现。

现在我们的社会正处于转型期，社会上的确会有一些浮躁的气息，孩子耳濡目染，或多或少会对他的成长造成一些干扰和影响。家长发现后，千万不要否定他的感受，硬性地让孩子认同你的观点。在交流沟通时，不妨问孩子几个横向、纵向比较的问题，引导他去思考。比如，你们来自小县城，父母陪着到省城上培训班，既要付出财力，又要牺牲休息时间，他身边的同学当中，有几个能有这样的机会？有几个能有这样的条件？让他换位去思考。

然后，我们还可以跟孩子多讲讲父母自己的成长故事。很多家长都是从农村千辛万苦考上大学、不懈奋斗之后才拥有了一份体面的工作。而且每个人的选择不一样，为社会创造的价值也不一样，比如有的同学的爸爸选择了做生意，为社会提供了产品和服务，自己也收获了金钱；有的同学的妈妈选择了当老师，为社会培养了一批批优秀的人才，自己也收获了尊重与爱戴，无论选择哪种职业，他们都是富有的。这样可以让孩子思考社会分工的意义、人生价值的不同，打开他的思路，他就不会一味盲目地只跟其他的孩子攀比物质的丰厚。

再有，就是要告诉孩子知识改变命运，要通过自己刻苦努力的学习争取更多改变自己命运的机会。寄托于别人的生活和希望都是不自由、不切实际的，别人家的金钱和财富都是他的父母创造的，而你想过什么样的生活，是可以自己去争取和打造的。我们要比谁的综合素质高，谁的文化成绩好，以后到了社会上，才不怕没有立足之地。

如果有条件，寒暑假我们还可以带孩子到偏远的山区锻炼一下，让他接触不同的生活环境，看看其他的同龄人是如何艰难求学的，这种体验式的教育胜于任何说教，也会让孩子的心灵产生真正的触动。只有这样，他才会明白父母的良苦用心，才会懂得珍惜当下的幸福生活。

15. 儿子竞选班干部失败,我该怎么安慰他?

【情景案例】

我儿子嘉嘉今年上三年级,在一次班干部竞选中,他没选上大队长,很伤心。本来我儿子在班上成绩不错,各方面表现也很优异,他自己对竞选大队长也是信心满满的。

结果第一轮出来时,他和另一个同学票数相同,于是老师让小朋友再投一次,只在这两个人中选,结果原来支持我儿子的同学"反水"了,投了另外一位。更让他难过的是,我儿子认为和他最要好的一个同学也投了别人。

孩子虽然小,还是难免会在意:为什么我们是好朋友你却投了别人呢?我只好劝儿子:"可能那位同学的成绩比你好,我们下次努努力,一定可以超越他。"

但儿子好像受到了很大的打击,好几天都闷闷不乐。看他那么伤心,我不免也有点儿惋惜,更担心孩子遭遇这次挫折,会影响他的自信心,我该怎么安慰他呢?

博士妈妈的话:告诉孩子,遭遇挫折是成长必经的步骤。

孩子竞选落选了,难过是很正常的,这对孩子来说是他人生中遇到的一个不大不小的挫折,孩子的情绪难免会低落。我建议家长拥抱并表扬孩子,告诉他你为他勇敢的尝试感到骄傲:"你真的很勇敢,你比很多

第五章　帮孩子提高社交能力：交际能力的核心是说话能力

孩子都勇敢，妈妈为你感到骄傲！"不要让孩子丧失自信。

然后，引导孩子说话，让孩子把愤怒和沮丧的情绪都表达出来，即使我们不同意孩子说的话，也要试着从孩子的角度听，这样有助于帮孩子宣泄掉负面情绪。

或者带他到户外散散心，等他情绪调解过来后，再宽慰他："今年没有被选上，不是说你就彻底被同学否定了，也并不等于再也没有机会了。首先你能参加竞选，这本身就是一种实力的体现，而且，从票数上，你获得的竞选票数也不低，说明也得到了很多同学的认可，这就证明了你的能力和你的价值，不要沮丧。"

再进一步跟孩子说，世界上有很多事情不是努力了就一定能成功，我们能做的是做好应做的每一件事情，尽最大努力靠近成功，这是最重要的。

等孩子能平静地接受失败的事实了，再和他一起反思并总结失败的原因，问他一些问题，让他自己反思自己的做法。比如，好朋友为什么会投了别人而不投他？是不是平时跟好朋友相处的过程中，他不经意的一些不妥的言行伤害到了朋友，产生了一些误会？鼓励孩子主动和朋友聊聊天，这么做的目的是让孩子从这次挫折中发现自己的问题。

失败了，要先学会正确面对，不是自己不优秀，而是别人更努力、更优秀。失败之后是垂头丧气一蹶不振，还是再坚持、再努力，从头再来？如果孩子能从失败中获得这些启发，得到成长，结果反而不是那么重要了。

接下来，我们可以计划提高竞争力的方法。比如，孩子平时对班里的工作很负责，这应该肯定，但工作方式是否需要改进，就要和孩子一起分析。孩子认识到自身的不足并有了方向，自然就会解开心结，继续努力。

此外，家长在教育孩子之前还可以主动找老师沟通，了解孩子的具体情况，以便有针对性地引导；家长也可以让孩子自己找老师或同学沟通，请他们指出自己的不足，并帮助自己改进。

总而言之，孩子竞选失败虽然让人不开心，但也是一次很好的挫折教育。这些都是长大必须经历的。

第六章
情绪和行为习惯：先解决情绪，再解决事情

3～8岁的儿童处于情绪发展的关键期，这一时期孩子的情绪表现尤为激烈，如脾气暴躁、爱哭、喜怒无常……如何应对孩子的情绪问题越来越成为家长头疼的问题。

父母因为工作压力大，和孩子沟通的时间减少，孩子也面临各种压力——过多的兴趣班、过多的攀比以及父母自身存在情绪问题等，都是现在儿童心理问题增长的原因。当孩子产生不良情绪的时候，家长一定要重视，不要觉得麻烦，而是应该把这当作一次学习的机会。

分享一个故事。

一位妈妈带着5岁的孩子去买礼物。当妈妈为橱窗里装饰着的彩灯、商店里五光十色的物品感叹时，她的孩子却紧紧拽着妈妈的衣角，催促妈妈快走。

"多漂亮的新年夜景啊！孩子，你为什么不喜欢呢？"当妈妈蹲下身询问后，无意中抬起头来，她原先眼中漂亮的夜景都不见了——没有绚丽的彩灯，没有迷人的橱窗，没有新年礼物，也没有装饰华丽的商店，出现在视野里的只是一双双厚重的鞋跟和女人们低低的裙摆在街上互相摩擦、碰撞。这是妈妈第一次以5岁孩子的视角观察世界，她感到非常震惊。

儿童的世界与成人是不一样的。从妈妈的角度看孩子的世界不难，难得的是妈妈愿意"降低自己的身份"，把自己放在孩子的角度看世界。

很多时候，父母之所以不接受孩子的脆弱和各种情绪化的表现，是因为站在他们的视角看，令孩子难以接受的事是一些根本不算事的小事，而这些小事却被孩子当成了大事。比如：

1岁的小朋友，自己穿不上鞋就会着急，会哭；

5岁的小朋友，爸爸妈妈因为忙没有时间陪他玩，他会伤心难过；

8岁的孩子会因为没写完作业而紧张焦虑；

10岁的孩子会因为怕黑而不敢一个人睡。

第六章　情绪和行为习惯：先解决情绪，再解决事情

家长应该明白：孩子不是缩小版的大人，他们看待世界的眼光是由他们的心理和生理特征所决定的。

美国神经生物学家斯佩里博士通过著名的割裂脑实验，提出了大脑不对称性的"左右脑分工理论"。该理论证实人的左脑被称为"抽象脑"或"学术脑"，它主管逻辑、语言、规则，左脑是理性的。而人的右脑被称为"艺术脑"或"创造脑"，它主管感情、情绪、体验，右脑是感性的。

我们的情绪、情感主要被右脑接管，而理性、逻辑主要被左脑接管。

孩子在童年时期，他的右脑占据主导地位，缺乏左脑的理性控制，所以他们不能用理性客观的眼光看待事物。又因为孩子语言表达能力匮乏，所以无法用理性的方式表达自己的想法，会因为各种各样的事情闹情绪，情绪激烈时还会出现打人、哭闹、扔东西的情况。

所以，当问题发生时，先解决情绪，再解决事情。

不论是两性相处的问题，还是亲子育儿的问题，我建议都要坚持这一原则。

因为我们每个人都渴望被理解、被包容、被接纳。

有一类家长，把情绪分为好的和坏的。他们认为开心、快乐、幸福是好情绪，而恐惧、生气、愤怒、悲伤、忧郁等是坏情绪，都是不该有的，所以，当他们发现自己的孩子出现坏情绪时，就会想尽办法，千方百计去消除。

比如，孩子的玩具被小朋友抢了，他回家大哭，这时候有的家长可能就会训斥孩子："哭什么哭？有本事就把玩具抢回来，哭有什么用？"

这种训斥不但让孩子的情绪得不到疏解，孩子还会感觉父母不理解他，只会陷入更难过的情绪中，难以自拔。而父母不理解孩子情绪的做法，不但对当下的事情解决无益，还会破坏和孩子之间的关系，破坏孩子对父母的信任。

实际上，人的情绪是客观存在的，没有好坏之分。你要学着重视孩子的快乐，也要认可他的悲伤、恐惧和愤怒。从小坏情绪习惯被压抑着长大的孩子，他们在感受和调节情绪方面会表现得比较迟钝，他们无法习得正视和消化自己情绪的能力，只能用简单的方式来转换心情，或者干脆逃避问题，比如暴饮暴食或者疯狂购物。

还有的父母放任孩子发泄情绪，或者让孩子自己消化，也不会为孩子的行为划定界限。这样的孩子长大后容易以自我为中心，凡事都由着自己的性子来，在朋友圈中会获得低情商的评价。

所以，当孩子有坏情绪时，压抑或者放任都是不对的，要认可和接受他的情绪，比如孩子向你哭诉他的玩具被弄丢了时，你可以抱抱他说："我知道你丢了玩具，很伤心是吗？没关系，我们每个人碰到不好的事情，都会不开心，妈妈也是一样的。"

另外，要给孩子的行为设定行为界限。以去医院打针为例，要明确地跟孩子讲："打针会疼，你害怕妈妈能理解，但没办法，为了病能快点好，我们必须打。你可以哭，但不能哭得声嘶力竭、太久，那样嗓子会哭坏，也会影响医院的阿姨工作和其他小朋友就诊。"那么，如何让孩子更容易理解和接受呢？我曾跟我女儿约定，有情绪时可以用任何方式发泄，但要遵守三个原则：一是善待自己；二是善待别人；三是尽量不破坏环境。我女儿会说："可以打枕头吗？""妈妈，你给我买个抱抱熊吧，我生气就打抱抱熊。"

在这个原则范围之内，可以让孩子去选择。

当妈妈真的能够从孩子的视角看世界，接纳他的情绪，双方就有了沟通，孩子自然会平静下来。这就是最有效的教育。

1. 孩子闹情绪离家出走，找回来后该怎么教育？

【情景案例】

我女儿读三年级，有一次因为考试没考好，我多说了她几句，她留了张纸条就离家出走了。

我跟她爸爸急得不行，马上联系了老师，又发动了所有亲戚朋友四处寻找，整整找了一天一夜，就差报警了。后来，一个家长打电话告诉我，在她女儿的卧室里发现了我女儿，她是我女儿最好的朋友。我女儿躲在他们家，还让朋友替她保密，直到晚上睡觉时，家长发现卧室里有异常，才戳破了两个孩子的秘密。

找到她以后，我们终于松了口气。她爸爸本来想教训她一下，被我拦住了。我想孩子回来就好，不能再刺激她了。回来后，女儿一直都很沉默，我也在反思自己是不是平时对孩子学习要求太严厉了，给她压力太大了。可想想她的同学，哪个不是在压力下学习呢？我很想找女儿谈谈，但又不知道该如何谈。

📢 博士妈妈的话：人生处处是考场，要用爱和尊重来"陪跑"。

孩子离家出走往往是因为亲子关系出现了问题，是他觉得自己在家里不被接纳了或者爸爸妈妈没有那么爱他了，才让他有了负气离家出走的举动。

孩子为什么会做出离家出走的举动呢？首先进入升学阶段的孩子心情

很焦虑，而这种焦虑一般是老师或家长传递给他的，如"你怎么考成这样，你看看人家考了多少分""现在还不努力，怎么考得上好中学"这样的话，家长经常说。

其实人生处处是考场，分数并不是衡量孩子的唯一标准。家长如果能少施压，多关注孩子这个时期的成长特性，或许就能及时发现孩子的心理变化。

另外，一些特别事件的发生也会引起孩子巨大的心理变化，比如孩子考试没考好，与同学发生矛盾了，在学校受到欺负了，等等，这些重要的节点都需要老师和家长特别留意。

那么，现在事情已经发生了，孩子也回来了，我们该怎么做呢？我觉得见到回来的孩子，千万不能再斥责了，这时不妨给孩子一个大大的拥抱，告诉他"爸爸妈妈很担心你，也很爱你，一直盼着你平安回来"。采取共情的方式和孩子交流，比如可以向孩子道个歉："妈妈骂你是不对的，我们一起来找找这次考试失利的原因好不好？"

当家长开始调整自己，把目光真正落在孩子身上时，孩子就会知道"我是重要的"，才会有安全感，自然就会恢复与家长的互动。

另外，孩子出走事件必定闹得沸沸扬扬了，家长和老师要沟通好，在往后的日子里尽量减少对事件的过度渲染，把原本平静、有序的生活还给孩子，让孩子能从这件事的压力和阴影中走出来，适应新的学业和生活。

我觉得在父母跟孩子的相处过程当中，理解并且尊重孩子非常重要。孩子离家出走往往是因为一时冲动，情绪无处宣泄，所以当孩子与家长发生冲突或矛盾时，建议家长先处理自己的情绪，再关照孩子的情绪，最后再讲道理和孩子共情。当孩子发现父母能够感同身受，自己处在被爱、被鼓励、被肯定的氛围中，这样的事情就会少发生。

2. 6岁女儿嫉妒心强，见不得别人好怎么办？

【情景案例】

前几天发生了一件让我对女儿哆哆感到很忧心的事。女儿和几个小朋友一起玩儿，一位家长提议让每个孩子背诵一首拿手的诗歌，几个小朋友都很积极地参加。哆哆一开始也表现积极，但背诵的时候可能过于激动，背诵到一半就卡壳了。当其他小朋友都完整地背诵完，家长们鼓掌时，哆哆突然生气了，还故意把旁边的一个小朋友撞倒，然后跑了出去。我见状赶紧把那个小朋友扶起来，并严厉地批评了哆哆。

哆哆噘着嘴哭了起来。

之前，我也听老师说，当老师在她面前表扬其他小朋友时，她会很不开心，而且会找机会故意攻击受表扬的小朋友。我真是不知道，她小小年纪怎么会有这么强的嫉妒心，很担心这样下去对她的性格养成不利。

博士妈妈的话：孩子爱嫉妒是因缺乏对自我的正确认知。

其实从心理的发展特点来看，嫉妒是人的一种原始情绪，每个人都会有，孩子好胜心强，希望自己能够超过别人是无可厚非的。但是，有些孩子见不得别人超越自己，产生嫉妒与愤恨情绪后，甚至会采取一些不当的方式来发泄，这时就要先寻找背后的原因，再想办法引导了。

嫉妒心强说明孩子缺乏对自我正确的认知，倾向于把自己不足的一面和别人的强项比，心里才会有"酸溜溜"难受的感觉。孩子因嫉妒而行为失常，实际上也是他需要宣泄、需要被理解的时候。因此，家长说话时要多考虑孩子的感受。

比如，哆哆在小朋友面前背诵诗歌卡壳了，孩子内心也是很难受的，这时妈妈就应该及时进行安抚，帮她向大家陈述事实，肯定她平时的表现，或者请求再给她一次表现的机会，帮助她化解不良的情绪。

孩子的情感是脆弱的，成人稍不注意就会使孩子的积极情感变为消极情感。比如，许多家长习惯这样指责孩子：人家考试又得多少分，你才拿了几分；人家每天自己把屋子收拾得干干净净，你呢？如果每次都拿孩子的缺点和比他优秀的孩子比较，他就更加容易产生嫉妒心，仇视比自己优秀的孩子，也会让孩子觉得妈妈不再爱自己，使孩子的情感受挫。所以，家长一定要特别注意避免把自己的孩子跟其他的孩子进行比较。

家长在表扬孩子的时候，我建议表扬各个孩子的不同之处，让孩子们都能在家长的表扬中找到自己的优点，看到自己的缺点，并加以改进。同时也要注意表扬的语言不能过分，因为这会使孩子产生骄傲情绪，以为只有自己好，别人都不如自己，进而看不起别人，甚至当说别人好没说他好时，他就接受不了，于是产生嫉妒情绪。

所以，父母在平时教育的过程中，要特别注意方式方法。很多父母不能接受孩子的嫉妒心，常常给他贴上"小气""自私""心胸狭窄"等标签，并将此作为批评孩子的理由。其实，很多行为只是一种情绪的反应，所以重要的不是看行为表现，而是寻找背后的原因。

明白原因有什么好处呢？那就是可以充分地、真正地理解孩子，避免使用错误的教育方式，学会运用正确、智慧的方法来化解、引导，那么，嫉妒也就销声匿迹了。

第六章　情绪和行为习惯：先解决情绪，再解决事情 | 199

3. 8岁男孩遇事就哭怎么办？

【情景案例】

　　我儿子小武今年已经8岁了，不管遇到什么事都喜欢哭。在学校做作业，看到别的小朋友都交了，他着急没写完就哭；别人误解他了，他解释不清楚，心里觉得委屈也哭；在学校，遇到强势点的同学对他凶两句，更是哭得稀里哗啦，有时候还不主动告诉我原因，要费半天劲才能从他嘴里知道一两句。

　　我也耐心地开导过他，鼓励他勇敢一点，遇到事情不要急，慢慢来就好。说的时候好好的，但没过多久又因为小事哭了，我真不知道该怎么办。但是，他还是很善良的孩子，做事不霸道，很会照顾人，自己心爱的玩具，如果别的小朋友想玩，他总是毫不犹豫地拿出来分享。他太爱哭，这一点让我很担心。

博士妈妈的话：哭，也是孩子的一种表达方式。

　　在一些父母的眼中，男孩子就应该坚强，所有事都能自己扛。还有些家长认为"男儿有泪不轻弹"，男孩子就不应该哭，爱哭就显得很软弱，因此很焦虑。实际上，有些男孩子爱哭可能跟性格有关，这类孩子心思细腻敏感，容易受他人情绪的影响，稍微受一点言语的刺激泪水就先流下来了。

　　对于这样的孩子，家长在教养上不妨多些同理心，多去了解自己的孩子，理解他们的心情，多站在他们的角度考虑问题。如果小武就是这样内心细腻的孩子，那么当他哭的时候，妈妈不妨把他搂在怀里，先舒缓他的情绪，等他的情绪冷静下来后再进行引导，不要让孩子憋着，等他把心事说出来。

还有些孩子喜欢哭，是因为家庭教育方式出了问题。这些家长平时对孩子过于严厉，孩子犯一点错误不是打就是骂，这样教育出来的孩子不仅更加调皮，而且更加爱哭。另外一些家长对孩子过于宠溺，平时只要孩子一哭就妥协，这就让孩子潜意识里认为，自己犯错后只要哭爸妈就会拿自己没办法，久而久之，孩子就丧失了自己解决问题的能力，从而养成了用哭来寻求帮助的习惯。

所以，家长在面对孩子故意哭闹时，不能轻易妥协，要有策略地引导孩子正视自己的错误，该坚持的就坚持，要让他明白哭是解决不了问题的，做错事依然会受到惩罚。

从心理学上说，哭也是孩子的一种表达方式。尤其是6岁左右的孩子，像有的父母说的，越大越有心眼，常常追着大人哭。其实，孩子的内心大多想控制亲子关系，哭给最亲密的人看，寻求父母的认同和关注。父母要透过孩子哭闹的表象，反思一下陪伴孩子的质量如何，是不是因为疏忽让孩子没了安全感。注意营造一个温馨有爱的家庭环境，平时在家里对孩子多一些肯定和表扬，做错了事情也不要过分地批评和指责，这样才会让孩子有一种满足感，有利于培养孩子自信乐观的个性。

同时，要多鼓励孩子用语言表达情绪。语言是最好的表达工具，让孩子大声地说出自己的想法，告诉孩子只有清晰地表达自己的意见，情绪才不会受到压抑，也才能获得身边人的关注和帮助。

更重要的是要和孩子建立平等的沟通关系，让孩子乐于和你分享自己的心情和感受，这样孩子才会懂得如何更好地释放自己的情绪，而不会动不动就哭了。

4. 孩子动不动就大吼大叫怎么办？

【情景案例】

我女儿5岁，现在太难管了，经常一点事情不合她的心意就开始大哭大闹，脾气大得吓人。有一次我带她逛商场，看到有个夹娃娃机，她非得玩，但时间已经很晚了，我就告诉她下次再玩，可孩子死活不愿意离开。见我态度坚决，她就直接坐在地上哇哇大哭起来，弄得场面很尴尬。

在家里，她更是个十足的"小霸王"。饭菜不合口味就要大吼大叫，早上穿个衣服也要吵闹半天，还不能说她，如果说她，她还会跟我"对吼"。我知道这样下去对孩子的性格养成很不利，该如何改变呢？

博士妈妈的话：父母先控制好情绪再来管爱"吼叫"的孩子。

孩子一生气就会大吼大叫，表明孩子不知道如何管理自己的情绪，也不知道如何表达和处理情绪问题，这是孩子自身情绪管理能力差的表现。

我们发现，一般来说，温和的家长培养出的孩子也大都是温和的，脾气暴躁的家长培养的孩子大都是暴躁的。所以，家长如果发现孩子爱发脾气、大喊大叫，要从自己身上找原因；是不是平时对待孩子的方式出错了？在教孩子管理情绪之前，父母要先做好自己的情绪管理，如果父母总是大吼大叫，那么孩子一旦遇到不顺心的事情也会跟父母一样采取吼叫的方式。

2～5岁的孩子正处于自我意识的萌芽阶段，开始有自己的想法和需求，虽然是一些微不足道的小事，但是这些小事恰恰能使他们感受到自己的价值。如果家长选择忽略孩子的需求，孩子在不会用语言表达自己的情绪的时候，最常见的表现就是发脾气。

这个时候家长可以先观察，如果是合理的要求就要积极满足孩子，不合理的要求就不要轻易妥协，等孩子冷静下来再询问原因，进行教育。

我特别反对在孩子发脾气的时候一直跟他讲道理，甚至打骂孩子，这样不会起到教育孩子的作用，反而会引起孩子的逆反心理。孩子的情绪来得快，又比较激烈，如果在他大声哭闹的时候硬要和他讲道理，往往收效甚微。而如果靠打骂让孩子平静下来，变得顺从，长此以往，孩子容易变得沉闷、压抑，严重的可能还会出现心理问题。所以，孩子发脾气时，家长一定要保持冷静，千万不能被孩子的情绪所影响。

还有一种情况是，孩子发现只有生气、砸东西、打滚、掉眼泪的时候，才能吸引父母的关注，久而久之，孩子就会认为"生气"比"开心"更容易获取周围人的关注。如果孩子是这样一种情况，那么父母就要反思一下：是不是平时对孩子的关心少了、陪伴少了，或者只有当孩子发出生气信号的时候，才会对他格外地关心？很多时候，孩子想要的并不是具体的解决方法，而是情感上的重视和安慰，他需要感觉到"我很重要"。

总而言之，对待孩子爱发脾气的行为，我们应该把关心放在第一位，学会正确地接受和引导，让孩子更加健康地成长。

5. 7岁孩子情绪负面、爱抱怨怎么办？

【情景案例】

我家孩子强强今年7岁，每天总是闷闷不乐的样子，情绪很负面。不开心的事他记在心上，开心愉快的事记不住。比如，某一天他出去玩不小心摔了一跤，他会一直记很久，抱怨哪里摔疼了，在其他人面前丢脸了，而不是当天玩得很开心的事。又比如在学校，别人开玩笑嘲笑了他，他也能记很久。他每天生活在这种累积的负面情绪里，郁郁寡欢。

我们也积极引导过他，让他多想些开心愉快的事情，不要总纠结过去的烦恼。沟通的时候他还听得好好的，但过后还是这样，可怎么办呢？

 博士妈妈的话：接纳孩子的负面情绪，商讨解决之道。

首先，父母要认识到孩子有负面情绪是正常的。人人都有表达情绪的权利，孩子和成人一样都有情绪，当然也包括负面情绪。起因虽说不同，但对于负面情绪的发泄，孩子和成人几乎如出一辙，也会郁郁寡欢、无理取闹，这都很正常。这反倒比默默承受更有利于孩子的身心健康发展。

其次，不要试图改变孩子什么，要允许孩子体验负面情绪，但在接纳孩子情绪的同时要节制孩子的行为。虽然负面情绪的表达是正常的，但是处理的方式却要讲究分寸。

很多孩子出现抱怨等消极情绪的时候，多半源自内心的不自信，不敢去面对事情的结果,或者这件事让他有挫败感,只有通过抱怨才能舒缓自己内心的紧张。

所以要想帮助孩子快速走出困境,父母不仅要想办法帮助孩子解决问题,还要鼓励孩子乐观起来,尽量靠自己的力量完成,或者父母做出示范,告诉孩子在面对各种感受、冲突或问题的时候,可以怎么应对。比如,因被同学嘲笑了而难过,那么,我们用完全不把它当回事儿的方式来反击一下怎么样?或者用自嘲的方式来化解。因为你越在意,别人才越得意,你不在意,人家反而不知所措了。

一个人的思维习惯是从小在不知不觉中养成的。0～7岁的孩子,其思维习惯具有很大的可塑性。父母在教育孩子时,尤其需要注重其思维习惯的培养,帮助孩子养成从乐观的角度思考问题的习惯。只要孩子出现消极的想法,父母就应该立即叫停,引导孩子朝积极的方向想。

自信的孩子更乐观。平时首先要做的就是多肯定孩子,而不是否定孩子的言行。一个人拥有了自信,便拥有了前进的动力,思想也会变得乐观积极,做起事来自然容易得多。

此外,父母的个性、对问题的态度也潜移默化地影响着孩子。所以,尽管家庭是放松身心的地方,但在孩子面前,在外承担了各种压力的家长还是要注意调整心态,以乐观、坚强的一面去面对孩子。毕竟,家长无意识的消极语言不利于孩子健康成长。情绪是可以传染的,应该用快乐的情绪感染孩子。

总之,孩子有负面情绪不可怕,家长在经历了陪同、倾听、共情、面对、提供合理化建议这一系列过程后,既帮助孩子完成了一次负面情绪的有效处理过程,也让孩子获得了一次与情绪相处的成长机会。

第六章　情绪和行为习惯：先解决情绪，再解决事情 | 205

6. 5岁儿子无意中看了部恐怖片怎么办？

【情景案例】

　　我是一个5岁男孩的妈妈。前段时间因为我和孩子爸爸要同时出差，就把儿子暂时送回了乡下的外婆家。外婆家有我哥哥的孩子，已经12岁了，刚好也是男孩。

　　我想着做哥哥的肯定会照顾好弟弟，两个孩子在一起应该没问题，没想到发生了一件让我没有预料到的事。有一天，我哥哥的儿子带了几个男同学来家里玩，他们提议一起看恐怖片。几个男孩看得津津有味，根本没顾及身边还有个5岁的小男孩，于是，我儿子无意中就跟着看了一部恐怖片。当我把儿子从外婆家接回来后，发现儿子变得特别胆小。晚上即便有我陪着，他也不敢去睡；好不容易哄他睡着了，他又整晚地做噩梦、说胡话；即便是大白天，他也不敢一个人待在房间里。

　　说实话，我自己也不敢看恐怖片，所以可以想象到，那么小的孩子肯定会更害怕。我不知道怎样才能让儿子消除看恐怖片后的阴影，也很担心这会对孩子的成长产生不利影响。

　　📢 **博士妈妈的话**：不妨玩一场"扮鬼"游戏，告诉孩子"恐怖"的真相。

　　年龄小的孩子心灵还很稚嫩，而且缺乏识别力，过早接触恐怖片很容易对他的心理造成不良影响。如果出现了一系列情绪反应，这个时候，父母的陪伴、引导和共情，帮助他们消除恐惧，建立安全感就显得尤为重要。

那么，该怎么帮孩子找回安全感呢？

首先，可以告诉孩子，恐怖电影里那些恐怖气氛都是人为营造出来的。爸爸妈妈不妨设计一些好玩的游戏场景来重新演绎，把使人恐惧的元素当场戳穿。比如，让爸爸化身一个蒙面的鬼怪，而妈妈和孩子可以化身正义的天使将他打败。通过"扮鬼"的游戏让孩子慢慢理解鬼神世界其实都是人们表演出来的，在真实的生活中并不存在。这对于消除孩子的恐惧心理有一定的作用。

家长还可以给孩子买一些恐怖影片里出现过的玩具或道具，让他自行拆开玩耍，孩子会发现所谓的"鬼"其实都是假的，跟其他玩具没什么两样，都不会伤害自己，这也能帮助孩子打破恐怖片的神秘感。

另外，这段时间父母要多陪伴孩子。晚上陪着孩子一起睡的时候，可以在床边点一盏小夜灯，这样孩子即使做了噩梦醒来，只要看到身边有灯亮着也不会那么害怕。夜间睡前，还可以给孩子听一些舒缓的儿童音乐，或者讲一些温暖幽默的故事，转移孩子的注意力。家长可以温柔地强调不管什么时候爸爸妈妈都会陪在身边，不断给孩子心理暗示，有爸爸妈妈在什么都不要害怕。孩子的情绪会慢慢地恢复平静，内心的安全感也会慢慢找回来。

平时父母还可以带孩子多进行一些户外运动，通过运动释放他内心的恐惧感，从而获得一种情绪上的平衡。

当然，如果孩子的这种心理创伤特别严重，而且持续的时间很长，超过一周以上，父母的陪伴、引导、共情都达不到效果，那么我建议咨询专业的心理医生，对孩子进行心理危机干预。

最后提醒家长，要注意强烈的负面情绪哪怕只有一次也足以对孩子造成伤害，所以，恐怖的镜头千万不要让孩子看，更不要认为鼓励孩子去看一些恐怖的内容可以锻炼他的胆量，那是非常不妥的。

第六章 情绪和行为习惯：先解决情绪，再解决事情 | 207

7. 孩子提不合理要求，不满足就伤害自己，怎么办？

【情景案例】

我儿子予之今年12岁，自从喜欢上一种收集汽车模型的游戏后，就不停地找我要钱买各种汽车模型，而且这种模型还挺贵，目前为止花了有2万多元了。一开始，我是想着玩这个比沉迷手机游戏好，也有益智和收藏价值，所以也支持他。但我发现他渐渐变得有点欲罢不能了，这两天他又找我要钱买某个配件，一开口就是好几千，我一听就急了，这就是个无底洞，就直接拒绝了。

第一次被我拒绝他当然不开心。我就跟他解释玩什么千万别沉迷，而且这个开支比较大，爸爸妈妈能力也有限。没想到他怎么都不听，还跟我发脾气，甚至故意把自己的手指弄伤。现在，他除了对这个汽车模型游戏感兴趣外，对其他的玩具都提不起兴趣，学习也只是应付，我该怎么管教他才好呢？

博士妈妈的话：管教"熊孩子"，先读懂他的内心密码。

孩子提不合理的要求怎么办？我的建议是，家长要坚持原则，不合理的要求就是不能满足。有些家长会说，可是孩子又哭又闹很烦人！那我建议您简明扼要地跟他讲清楚为什么不能满足他，不管他怎样吵闹，都要态度温和而坚决地拒绝。

有的家长是一遇到孩子吵闹，自己就控制不住发脾气，家长脾气暴躁又没有自控能力的话，孩子怎能不任性呢？

孩子其实是很善于察言观色的，他会通过对大人言行的观察来判断他实现这个要求的可能性有多大。所以，在这个过程中，家长一定要保持平静、坚持原则。如果你因为他的哭闹不堪其扰，轻易妥协，那么以后孩子还会有更多无理的要求；如果你火冒三丈，铁定就处理不好这件事了。如何能在哭闹不止的孩子面前保持平静呢？这就要家长多学习一些育儿心理学方面的知识，学会了解孩子，读懂孩子的内心。

12岁的予之因为妈妈不满足他的要求就实施这种自我伤害的行为，从心理学角度分析有两种可能：一是父母曾用类似的方式解决问题或者发泄情绪；二是这个孩子的个性属于自我指向型。

所以，父母自己先反思一下是否有这些因素存在。如果是父母的问题，父母自己做好调整；如果是孩子的个性特征，那么首先要接纳孩子，千万不要想着孩子是不是以此方式威胁自己。孩子之所以会这样做，无非还是想获得父母对他的关注。

在那时，妈妈可以尝试观察孩子的表情、眼神、语气等，尝试着感受孩子当时的状态，先理解孩子"失控"行为背后的原因，然后再做出引导。比如，予之妈妈就可以先肯定予之喜欢汽车模型游戏积极的一面，然后再跟他解释，为什么爸爸妈妈在现阶段不能完全满足他。或者尝试和孩子商量，制定一项协议，比如，在完成学业上的某个小目标后，作为奖励爸爸妈妈可以满足他一定的要求，但不能是无条件的满足。通过这样的方式，既消解了孩子的负面情绪，同时又建立起了规则。

总而言之，家长要以身作则，做好孩子的榜样，处事的方式要客观理性，这样孩子才不会任性而为。

8. 孩子磨蹭让我"河东狮吼",该催促还是该让她慢慢来?

【情景案例】

我孩子今年三岁零八个月,每天早上送她上幼儿园对我来说都是一场鸡飞狗跳的硬仗。她做事磨磨蹭蹭,就连刷个牙也能几分钟把人逼疯。

一天早上,我边放英文歌边给她穿衣洗脸,然后叮嘱她园车二十分钟之后到,要赶紧刷牙漱口。孩子乖巧地点点头,我就放心地忙别的去了。一会儿回头,却见她无比惬意地躺在沙发上边听歌边摆弄我的手机,牙刷就拿在手里丝毫未动。我见此状况根本无法淡定,赶紧催促她说:"快点快点,怎么还没开始刷牙呀?"

"好的,妈妈!"孩子稚嫩的声音愉悦地响起,给我一个"回眸一笑",拿起牙刷慢条斯理地刷起来。

待我泡好牛奶自己也收拾好,已经又过去了十分钟。我焦急无比,只得压着内心的烦躁和她商量:"如果没有刷牙,就喝不了牛奶,你抓紧点,十分钟以后,我们到点就出门好吗?"孩子再次表示同意,然而,五分钟后,她眼睛还是紧紧盯着手机屏幕,一点要起身的意思都没有。我一把冲过去,把手机夺下来,战争就此爆发。

一时之间,家里乱作一团。都说孩子有自己的生理节奏,要尊重他们的"磨蹭",允许孩子慢慢来,可是面对大清早的忙乱,慢慢来就意味着大人小孩都可能迟到,那到底该怎么办呢?

📢 **博士妈妈的话：孩子做事磨蹭要这样找原因。**

家有磨蹭宝贝，父母不停催促、唠叨，孩子慢慢吞吞、不急不躁，亲子之间摩擦不断，这种现象在很多家庭中都有。其实，孩子做事磨蹭也要找原因，找到原因后才能具体进行解决。

像文中妈妈提到的宝贝年龄是 3～4 岁，这个年龄段的孩子是个奇怪的"矛盾体"，他们在生活中会表现出要和父母对着干的情况，比如，穿鞋、穿衣故意慢吞吞，吃饭的时候故意张望，等等，这很普遍也很正常。并且随着这个阶段孩子自理能力的明显增强，他们也会对一部分已经探索过并已感觉比较枯燥的事情失去兴趣，像这个妈妈谈到的，要孩子自己去刷牙，但孩子磨磨蹭蹭不去，很明显刷牙这件事让她觉得并不好玩了。

对于这个阶段的孩子，父母还是要多一点耐心并讲究一点沟通技巧。比如，像文中的孩子刷牙磨蹭还看手机，那这个时候妈妈不如就不要开手机放音乐；对妈妈的催促不听，那就不如陪在她旁边花 3 分钟时间看她把牙刷完再忙别的；或者将刷牙变成一场游戏，"和妈妈来一场刷牙比赛吧"。

多从孩子的角度看问题，把枯燥的事变得有趣，多说一些孩子听得懂的话，孩子才会听你的。用责怪的口吻一遍遍地催促，孩子的抵抗情绪只会更强烈。

另外，对孩子立一点规矩，可以帮助父母更加从容地应对解决孩子的教养问题。几点吃饭、几点玩游戏、几点学习、几点睡觉……和孩子一起来制定一份日常作息时间表吧，让他也成为规矩的制定者，同时也让他明白遵守时间是一件很重要的事，把按时做事当成一种习惯，磨蹭的毛病就会自然而然改掉。

第六章　情绪和行为习惯：先解决情绪，再解决事情

9. 10 岁女儿丢三落四，难道是基因"作怪"？

【情景案例】

不爱收拾、东西乱丢是女儿最大的坏习惯。曾经抱着育儿书科学养娃的我，想过很多方式帮她改掉这个习惯，但无论是我给她准备可爱的柜子，还是以奖励的方式鼓励她主动收拾，都收效甚微。她不是今天忘了这个，就是明天什么急需物品找不到了。每当她可怜兮兮地告诉我们这些时，家人就自觉组成强大的"救火队"，只求帮她渡过难关。

我也曾下过狠心，不帮她善后，而是给她来个深刻教训，但她竟可以选择性遗忘自己需要的东西，直接对我说："妈妈，我找不到就算了！"那股子洒脱劲，让你有种"皇帝不急太监急"的挫败感。

都说孩子是父母的镜子，当然我也检讨自己忘性大、容易丢东西，我花了这么多心思也改不了她这样的习惯，难道真是基因"作怪"吗？

 **博士妈妈的话：孩子的习惯养成要经历三个阶段。**

孩子有丢三落四的毛病有一定的性格因素，大大咧咧的性格更容易丢三落四，内向的人则比较细心。还有一些家长在孩子很小的时候，没有注意培养孩子良好的个人习惯，养成了丢三落四的毛病。那么，如何帮助孩子改掉丢三落四的习惯呢？

一般来说，习惯养成要经历三个阶段。第一阶段是制约阶段，这是需要督促的时期，孩子的行为会略显被动，但这也是必经的阶段。比如，家

长可以每天提醒孩子，睡前要把书包检查一遍，慢慢地建立习惯。

第二阶段就是自觉的行为，行为由他人督促变成了自我督促。这是形成习惯的关键时期，案例中的孩子如果习惯每天把东西收拾好，就不会发生第二天丢三落四的情况了。

第三个阶段是自动行为。到达这个阶段连自我监督都不需要了，行为已经自动化，并内化为自身的一种需要，这个时候才可以说良好的习惯已经真正养成了。

培养孩子的良好习惯不是一朝一夕之功，越早培养越好，小事不放松，一点一滴，长此以往才能见到成效。

此外，需要提醒的是，家长也要反思是否让孩子在成长过程中承担了足够多的责任，大包大揽会使孩子的责任心不够，从而不会对自己的行为认真负责。家长无微不至的关照，不仅让孩子变得无能，还会让孩子的思想变得无能。父母可以在一个可控的范围内看着孩子吃一些亏，甚至是撞一下南墙，让孩子知道自己的做法会造成怎样的结果。在这样的情况下，孩子就会对自己的行为产生责任感。

我分享给家长一个小方法，叫"自然后果法"，就是让孩子自己体验因不当的行为带来的自然后果，从而认识到自己的行为不当，并改正这一行为。比如，孩子真的把书丢了，就让孩子自己去找，自己去解决，多经历几次这样的事情，下次孩子肯定不会再忘记带了。

第六章　情绪和行为习惯：先解决情绪，再解决事情 | 213

10. 6岁女儿过分讲"规矩"，是"病"吗？

【情景案例】

"妈妈，你的鞋子要摆整齐！""妈妈，刚才那个人插队，这是非常不好的！""爸爸，你往左边一点，妈妈往前，奶奶也挪一下，站好了再拍照！"……这些都是我家6岁女儿童童的日常。从小她就非常有"规则"意识，我们常常说她是不是有"强迫症"，什么都要按她说的来。

女儿才一两岁时就很喜欢把家里玄关的鞋子摆得整整齐齐，并且鞋头都要朝内，鞋尾朝外，谁要是弄乱了，那可不行；她的芭比娃娃们睡觉时，也得整整齐齐，排排睡，睡一个方位，她还会给娃娃们小心翼翼地盖上用卫生纸做的"被子"；现在长大了，学会了叠衣服，晚上睡觉前，她会把脱下来的衣服、裤子、袜子叠得整整齐齐，有一个角没搞好都不行，然后才安然入睡……

除了这些，还有一些生活"强迫"习惯，遇到脏的地方绝对不下脚；晚上睡觉必须把窗帘开一道缝，必须有小夜灯；洗澡的毛巾绝不能弄混了，有一段时间，每条毛巾用完了也会折叠，叠得整整齐齐才放心。

有人可能说，那你家不是会整整齐齐、干干净净吗？那就错了，她也会搞乱玩具、乱丢东西，也有不讲卫生的时候，那个时候好像"强迫症"宝宝不见了，变成了一个随性过了头的宝宝。她每天都在这样的状态中切换，真是让人搞不懂……

> 📣 **博士妈妈的话：孩子追求"完美"是敏感期来了。**

我认为，童童并非是妈妈所认为的"强迫症"，而是孩子进入审美和秩序敏感期了。

进入审美和秩序敏感期的孩子是非常较真的，而且这个阶段的孩子特别像个小大人。对于这个年龄的孩子来说，世界上有一种不变的程序与秩序，那就是幼儿的逻辑关系。因此，也会出现像妈妈说的"强迫症"行为，很多家长对于孩子的这一突然变化可能难以理解，其实这表明孩子的世界正在逐步走入丰富与深入，他们的自我意识萌芽了……

孩子进入这一阶段后，最先开始改变的是饮食，之后是对事物要求的改变，比如衣服不能掉扣子；看电视或者动画片不能被打断否则就重新开始看；垃圾必须扔进垃圾桶里，如果没扔进去就捡起来再扔一次……不仅限于以上的几种表现，每个孩子的点都不一样，只要发觉孩子开始对某些事过分执着，那可能就是进入秩序敏感期了。

我个人认为，孩子追求完美和秩序并不是什么坏事，父母应该保护孩子这种追求完美和秩序的天性。意大利幼儿教育家蒙台梭利曾提出过，在幼儿的敏感时期，秩序敏感期是最重要的时期，它影响着孩子一生的习惯和品行。

在保护的同时，家长也可以给孩子树立好榜样，比如为自己家里物品的摆放建立规则，不随意改动，用后及时归位；最好不要频繁搬家、更换生活环境，如果要改，要提前和孩子说明，慢慢过渡。

如果孩子继续"纠缠"很多生活小细节，不伤大雅、不是原则性错误的，不用着急纠正。一般来说，大的秩序建立好了，就可以通融小的问题了，以孩子的感受为先。

总的来说，追求完美和秩序是孩子的天性也是人的天性，它从儿童时期就开始出现，保护它就是保护一个追求完美的人。

11. 5岁女儿在家里是乖乖女，出门是"小老虎"，怎么办？

【情景案例】

我家妞妞5岁，长相乖巧，平时在家也是文静型的，对身边的弱者和小动物也充满爱心。但是只要大人不在身边，她如果被什么事情惹着了，突然之间就会变成另外一个孩子。

有一次，她带着妹妹在玩跳跳床，后来上来了一位七八岁的小姐姐。几个小朋友一起蹦的时候，小姐姐不小心把妹妹推倒了，这个时候妞妞立马张开双臂将妹妹护在身后，对着推人的姐姐一顿批评："你为什么要推我妹妹？"

大人看到小孩之间发生肢体冲突想把她们拉开，这时的妞妞就像是被激怒了一样。她对大人的任何劝导都听不进去，像"失心疯"一样哭泣、咆哮不止，那"发疯"的样子真的好凶，完全控制不住自己。类似这样的事情已经发生过不知多少次了。

一方面我也欣赏她有"侠义、勇敢"的一面，但她被激怒后无法控制自己情绪的行为又让我很头痛。这样下去，我真担心女儿将来的性格发展会有障碍。

📢 **博士妈妈的话：孩子霸道爱打人，教你这样"灭火"。**

年龄小的孩子打人往往是因为他们年龄小，语言能力差，一些孩子在无法表达自己的想法、又不懂得如何和小朋友一起交流时，会选择"打人"

这个极端的方式，来引起小伙伴的注意，希望他们认可和重视自己。这是孩子打人的一个重要原因。

那么，5岁的妞妞为什么在家里很乖，在外面就学会了暴力呢？我最想知道的是这个孩子平时的生活环境怎样，是否看了太多的电视，受到了太多的惩罚，还是玩了太多刺激性的视频游戏。孩子在外面霸道爱打人，有一个重要的原因是她受生活环境的影响和她对角色榜样的模仿。

因为孩子认知能力有限，对很多事物缺乏辨识能力，遇到问题就会模仿一些自己看到的行为或者画面来处理。比如有的父母对孩子没耐心，常会冲着孩子大吼大叫，等到孩子稍微大一点，他就会和父母顶嘴，时间久了，孩子就会形成霸道的性格。

孩子在外面冲动时该怎么办？家长可以直接说出自己的感受，直接正面地告诉孩子这样做的坏处。同时向孩子问一些启发式的问题，比如，你为什么要打人或骂人，是发生了什么事情？打骂别人会不会让人难过？你能通过其他方法得到你想要的吗？真诚地和孩子沟通，引导她说出心中所想。

如果孩子特别倔强不肯听怎么办？这时父母可以给孩子提供有限制的选择，让孩子选一个能让自己冷静的地方待一会儿，先帮助孩子平静下来。如果孩子不想去，家长就自己先做出示范："我现在很生气，我要去个安静的地方待一会儿。"

平时家长还可以鼓励孩子多交朋友，在结交朋友的过程中，孩子可以认识到自身的缺点，懂得从朋友的角度思考问题，逐步克服霸道的缺点。通过这样一系列和善而坚定的方式，逐步教给孩子以非暴力的方式解决问题，同时，在生活中父母也要做到心胸开阔，凡事不斤斤计较，注重言传身教，孩子耳濡目染，霸道的情况一定能得到很好的改善。

12. 一年级孩子偷家里钱，屡教不改怎么办？

【情景案例】

我家孩子迪迪今年上小学一年级。以前从不乱花钱，可是自打上学之后，发现他乱花钱的毛病越来越严重。原来也给过零花钱，一次给30元，也是为了让他学会理财，可是他没两天就花完了，后来就没再给过，他想买什么就让他找我要。

前一阵，我发现我口袋钱少了，一开始以为是自己弄丢了，到处找，最后在他书包里找到了。问他，他还撒谎。他爸爸知道后狠狠地"收拾"了他一顿，他当时保证不偷了。

结果不到几天，我又发现他偷钱了。我就吓唬他说，再偷就在他脸上写"小偷"两个字，让他站到学校门口去。当然只是吓唬他，肯定不会实施的。结果今天早上，我发现钱又被偷了。都说"小来偷针，大来偷金"，我现在看见孩子就生气，真不知道该怎么办。

 **博士妈妈的话**：该给的零花钱要给，该给的爱也别少给。

关于孩子偷钱的毛病，我想和迪迪妈妈分享几点建议。首先，孩子在上小学以后，会渐渐地有更多的自我主张，他需要在一定范围内拥有可以自由支配的零花钱。当有些孩子的需求不能得到满足时，就会出现一些过激的行为，比如随便拿别人的东西，或者像迪迪妈妈所说的那样偷大人的钱，这是孩子思维的一个误区。所以，家长要懂得适度满足孩子的需求。

迪迪妈妈还说，他们原来一次给孩子 30 元零花钱，但现在不给他了，他想买什么就找她要。这种变化或许也会让孩子在零花钱的支配上突然感觉变被动了。而且孩子也会有些属于自己的小秘密不想跟家长说，比如某个同学过生日，孩子想送一个小礼物，如果他手里有一些零花钱，就不会为难。

一旦没有自由支配的权利，有些孩子就会想方设法地弄钱。对某些孩子来说，每天兜里有点钱才踏实，这也是人的一种本能。

另外一点，我建议家长帮助孩子从小树立物权意识，告诉孩子，爸爸妈妈要用你的东西的时候，一定会征得你的同意，但是在你拿爸爸妈妈东西的时候，同样也要征得爸爸妈妈的同意。孩子从小有这种物权意识，就能知道什么是自己的，可以随时用，什么是别人的，包括父母的，都必须征得他们的同意才能使用，尤其是钱。

迪迪妈妈还说迪迪是大宝，那么家里可能有两个孩子，很多孩子在家里突然来了弟弟妹妹以后，会出现心理失衡的情况，觉得父母对他一个人的爱被分走了。大一点的孩子可能就会采取一些偏激的行为来引起父母对自己的关注，这种情况实际上并不是个案。如果是这个原因，迪迪的爸爸妈妈就应该多拿出时间和迪迪沟通，一定要让他知道爸爸妈妈对他的爱是没有变的。

发现孩子偷钱，很多家长气急之下会打骂和恐吓孩子，这是特别不可取的，只会让孩子叛逆的心理越来越强。我提倡的一个教育理念叫温柔而坚定。通过不同的方式在不同的场景，用智慧的方式跟孩子沟通，告诉孩子什么是可以做的，什么是不可以做的。如果能做到以上几点，我相信迪迪偷钱的毛病很快就会改过来。

第六章　情绪和行为习惯：先解决情绪，再解决事情

13. 四年级孩子每周要 50 元零花钱，合适吗？

【情景案例】

儿子小艺马上就要上四年级了。从三年级开始他就越来越有零花钱的概念了，基本上天天找我拿钱，我就 10 元、8 元地给，有时候爷爷奶奶也会给 50 元、100 元。我希望他有点理财意识，所以爷爷奶奶给的钱也没有收缴，只嘱咐他有节余就存到存钱罐里。然而，有一天，我发现儿子的存钱罐里竟然一分钱都没有。

上个星期，他请了小区的小朋友和同学共 5 个人陪他过生日，我就给了他 200 元，让他自己到外面安排小朋友吃喝玩乐，结果一天下来 200 元花得精光。我和他妈觉得这孩子太能花钱了，就商量准备从这学期开始每周给他固定数额的零花钱由他自己支配，培养他独立的消费意识。我们问他每周多少零花钱够用，他张口就要 50 元。我们认为 50 元太多，他却振振有词地说："现在物价上涨了。"

我和他妈反思，是不是我们以前零花钱给得太随意了，让他养成了乱花钱的习惯，以后我们该怎么在金钱方面引导他？

 **博士妈妈的话**：孩子的零花钱要给，但千万别随意给。

小艺的问题是，给多少钱都能花个精光，没有存钱的概念，不会合理消费，不知道父母挣钱不容易。显然，小艺从小就欠缺财商方面的教育。

孩子到一定的年龄后，可能都会开始向父母索要零花钱。我的建议是，在孩子读小学以前，五六岁左右，家长可以适当地给孩子一些零花钱，这是对他进行基础财商教育的最好时机。

有的父母给孩子零花钱很随意，电视上某个明星的孩子还曾说，他爸爸每个月给的零花钱有两三万元。实际上，给孩子过多的零花钱对他们的成长是非常不利的。孩子手上的钱一多，就会时刻惦记着要买玩具、买零食，这样孩子在学习上的专注力就分散了。给太多零花钱对孩子性格的形成也会有不良影响，有调查表明，凡是零花钱特别多的孩子，大多数都不懂得珍惜，而且任性、自制力差，自由散漫。

但相对来讲，如果零花钱给得太少，也会影响孩子的人际交往和性格养成。同学请吃了包零食，他因为无法回请会沮丧，会产生自卑的情绪。所以，孩子的零花钱要给，但不能随意给，那么到底给多少合适呢？

我的建议是，在给孩子零花钱之前，要和孩子共同商量零花钱的具体数额、发放的日期以及具体用途等，设立详细的零花钱制度。制度确定后，就要坚持执行，引导孩子制订合理的开销计划。

在刚开始给零花钱时，时间间隔可以短一点。年龄越小的孩子，他们的计划与控制能力越差，一下子得到一笔长期的、数额较大的零花钱，很可能会全部花费在一件昂贵的玩具上或者一次集体请客中。所以，一开始可以小面额、多频次地给。

如果较长一段时间内孩子都能很好地按零花钱制度执行，可以和他商量新的金额和周期。从一周给一次，到半个月给一次、一个月给一次，直至一学期甚至一年。每次新的周期，对孩子而言都是一次提升。

另外，家长要鼓励孩子多存钱，可以给孩子一个储蓄罐，或者建一个家庭小银行，办一张活期储蓄卡，告诉孩子积少成多的道理。先让孩子有个心愿或目标，等到零花钱积攒到一定数额时就能完成这个心愿或目标，孩子就会有动力和成就感。此外，在寒暑假可以带孩子参加一些社会活动，让孩子尝试怎样挣钱，比如卖废报纸，等等，让孩子体会到钱的来之不易，这样孩子才会懂得不乱花钱。

14. 二年级孩子帮同学抄作业赚酬劳，正常吗？

【情景案例】

女儿璇子刚刚上小学二年级。一直以来，我们家的教育方式都比较民主。比如，为了培养她的理财意识，从幼儿园开始，我和孩子爸爸就有意识地给她发放零用钱，并让她通过做家务活来赚取零花钱。孩子对数字也很敏感，跟同龄人比，她对加减乘除的掌握明显要熟练得多，对此我和她爸一直引以为荣。但在一个月前，我发现女儿的书包里经常有卡通造型的橡皮擦、机器猫图案的铅笔等小玩意，我一问，璇子就说，这些东西是她帮同桌代抄作业题的"酬劳"，都是同学主动给她的。而且在班上，不少成绩好的小朋友跟璇子一样，但凡帮其他同学写作业或是代抄作业题，都会有"酬劳"，要么是小玩具，要么是小零食。

我跟她爸知道这个事情后都很生气，当晚就对她进行了一番严厉批评。才小学二年级的孩子，帮助同学付出点劳动就要"酬劳"，发展下去，我真担心孩子以后变得唯利是图。

博士妈妈的话：公益劳动和取得报酬的劳动是两回事儿。

现在的孩子家庭条件基本都不错，大多数父母从小就习惯了给孩子物质奖励，或是像璇子父母一样，从小就有意识地让孩子用劳动换取报酬，这样在孩子心中就会生出一种观念——付出就一定要有收获。所以，璇子可能觉得帮同学代写作业获取一定的报酬是应当的。

第六章　情绪和行为习惯：先解决情绪，再解决事情

除此之外，还有一些孩子受家庭收入的影响，在没有足够零用钱满足自身需求的时候，也会想办法从别的途径挣钱。他们的这种行为除了满足自身需求外，还可能引发一部分同学竞相效仿。

对于孩子出现的这些问题，家长在教育孩子重义轻利的同时，一定要让孩子明白，许多劳动固然与报酬有关，但还有很多劳动其实与报酬没有关系。家长即使以培养孩子的经济意识为出发点，也要让孩子知道：家务劳动、公益劳动和取得报酬的劳动是两回事儿。

璇子帮同学代写作业，如果是同学出于想得到帮助以提高学习成绩，那么就要告诉璇子，同学之间的助人为乐是不应该索取报酬的，这是友情的表现，不应该用金钱或者实物体现。正确的做法是，把方法教给同学，告诉同学题目怎么做，而不是全程替同学写作业。但如果璇子的同学仅仅是因为懒惰而出钱"雇用"同学帮他做作业，那璇子确实应该拒绝，因为这种行为等同于帮同学作弊。"君子爱财，取之有道"，我们不能唯利是图。

不过从儿童心理学上说，八九岁前的孩子的任何行为都是"刺激、反应，再刺激、再反应"这样循环往复的结果。他们还没有什么商品交换意识，只知道给小伙伴一些好处，小伙伴也会对自己好。这就好比孩子认为：我喜欢玩具，其他小朋友也喜欢玩具，我给他们玩具玩，他们就会和我一起玩。只要不是家长让孩子刻意为之，都不必过度担心，这是符合孩子心理发育规律的，家长不要将孩子的这些行为理解为"世故"。

但10岁之后，当家长发现孩子有类似的行为出现，就应该及时进行适当引导，让孩子懂得助人为乐是快乐之本，在帮助别人的时候不应事事想着物质回报，有时精神上的被需要、被肯定，会带来物质无法带来的愉悦感。至于劳动取酬、劳动权益的观念，可以让孩子在以后的成长道路上慢慢学，不是现在急于培养就能成功的，来日方长。

15. 儿子收到压岁钱，能由他自主支配吗？

【情景案例】

过年期间，我就像往年一样带儿子回老家走亲戚。大年初一，外公外婆和爷爷奶奶先后给了他4000多元的压岁钱。之后几天，他陆续又收到姑奶奶、姨奶奶等亲戚给的2000多元的红包，最后共计有6000多元的"巨款"在他手上了。

过去，长辈们发给他的红包，儿子都会转手就交给我。今年他长大了一岁，8岁了，好像知道钱是个"好东西"了，不仅把钱全揣到了自己兜里，还提出要自己保管、支配这6000多元钱。

我当然不会同意，跟他协商由妈妈来保管，长大以后再给他。儿子说什么都不干，当我强行要他把钱交出来时，他还差点跟我"动武"了，这可怎么办呢？

博士妈妈的话：压岁钱可以用来进行财商教育。

很多孩子在春节期间都会收到压岁钱，少则几百元，多则几千甚至上万元，这笔钱如何处理，的确让一些家长头疼。强行收缴，不仅很难得到孩子的认同，更容易激起孩子的逆反心理。

但如果把压岁钱让孩子自由支配，可能95%的家长会担心孩子把压岁钱都用来吃喝玩乐，这种情况也不利于孩子的健康成长。

那么，具体该如何支配压岁钱呢？我的建议是，如果压岁钱的数额不小，就可以拿出一部分钱和孩子约定使用规则，约定压岁钱的具体可支配金额，即自己可购买多少钱以内的物品，以此让孩子建立有计划花销的意识。另一部分可以以孩子的名义存起来，让孩子养成"不管收入多少都要存点钱"的理财习惯。

学会花钱也是孩子的人生功课，给孩子比较安全的数额，让孩子既不浪费又能买到自己想买的东西，这也是培养孩子生活能力和财商能力的好机会。

同时，还可以引导孩子做一些有意义的事，比如制订一个梦想计划或公益计划，让孩子明白好好花钱不仅可以满足自己的需求，还能帮助他人。

对于花压岁钱，有些自主意识特别强的孩子也许一开始并不容易完全接受父母的建议，但无论如何，父母一定要注意温和坚持的教育方式，从孩子的感受出发，用爱、理解来赢得孩子的合作，在充分尊重孩子意愿的前提下管理孩子的压岁钱。这是良好亲子关系的基础。

事实上，孩子的金钱观念是逐步形成的，家长也要顺势而为。3～5岁的孩子，需要让他们认识钱，了解钱的用途以及使用方法；6～8岁的孩子，家长应该树立他们正确的意识，让他们有"我的钱"的意识；8～9岁的孩子要让他们独立打理自己的零花钱，让他们学会如何存钱、怎样自己挣零花钱。这是培养孩子正确理财观念的最佳时机；10～11岁的孩子，就应该让他们懂得节约用钱，并且学会存钱和理财，这时，家长可以带孩子去银行，办一张属于孩子自己的银行卡，将压岁钱全部存进卡里，让孩子试着了解银行的储蓄原则，了解一些互联网的投资理财方法，等等。

孩子压岁钱怎么花，可以用来进行基本的财商教育，看似是一个小问题，但是它包含着家长和孩子相处模式的智慧。正确的财商教育能让孩子在未来的生活中更自由、更独立，孩子将会受益终身。

16. 家庭经济下滑，该不该让孩子知道？

【情景案例】

我们家是开餐馆的，因为疫情客源减少，家庭经济也遇到了一些困难。

平时老公对女儿讲究"富养"，经常挂在嘴边的一句话是"闺女只要你好好学习，要什么给什么，爸爸就是有钱"。女儿从小知道家里有钱后也产生了优越感，吃的、玩的都只选贵的买，还美其名曰："贵的就是好的。"

现在，家庭经济条件一下拮据了很多，但女儿仍然想要什么就要买什么，不给就发脾气、哭闹，让我很为难。老公却想对孩子隐瞒家里的经济压力，不想因此影响孩子学习。

博士妈妈的话：家长"谈钱色变"并不是最好的选择。

现在是经济社会，金钱与每一个人的生活息息相关，想让思想活跃的孩子完全与金钱隔离那只是大人们一厢情愿的想法。

但现在有许多父母爱子心切，不愿让孩子过早了解生活的艰辛，认为这会让孩子背上不必要的思想负担，影响他们的健康成长，甚至有些家长即使家里条件不好也要"打肿脸充胖子"，让自己的孩子与别人家孩子一样高消费。

我个人认为，在孩子太小的时候这样做还不存在太大的问题。但在孩子有了一定的认识能力后，家长依然"谈钱色变"，就会使孩子产生一种错觉：生活中只有阳光，没有坎坷，即使家里出现经济危机，也该是父母操心的事，跟自己无关。到最后，家长会痛心地发现孩子缺乏跟家人同甘共苦的心意。

就像案例中的这位女儿，小小年纪就养成"骄奢"的习惯，认为"贵的就是好的。"即便家庭条件不能满足她的需求了，也要哭闹着逼父母满足自己。

现实生活中这样的例子还有很多。之所以会产生这些"寒门逆子"，我认为父母有一定的责任。孩子没有通过亲身的体验来了解父母的钱挣得不易，也不知道家里真实的经济状况，又怎么可能不出现花钱大手大脚的情况呢？

所以，对孩子避讳谈钱的问题并不是最好的选择。无论家里的经济状况如何，父母都应该让孩子有所了解，并不是要让孩子为钱操心，而是要让孩子知道什么是值得花的钱，什么是不值得花的钱，这是一种量力而行的消费理念。

还有一点，孩子的成长并不仅涉及学业。认识世界、认知社会也是孩子长大成人的必修课。所以，这次疫情冲击对全球经济包括中国的影响，以及对家庭和个人的影响，我觉得都可以跟孩子一起探讨，帮助他们建立正确的人生观、世界观、价值观。

等到孩子十几岁，具备了较为理性的金钱观之后，家长还可以跟孩子更深入地探讨一些家庭经济问题。比如父母的收入水平、家庭的财务状况、将来能够支持孩子上大学的经济条件，以及父母的养老计划、将来潜在的经济风险等，都可以逐步对孩子说明，让孩子意识到父母承担了很多压力和责任，作为儿女，需要为父母分担。这样做有助于培养孩子责任感。

17. 13岁女孩每天涂脂抹粉爱打扮合适吗？

【情景案例】

黄磊13岁的女儿多多之前因为一头黄发上了热搜，引发了很多争议。

我女儿小慧也一样，刚上初一就经常涂口红、擦粉底，还戴美瞳去上学，完全不符合学校对仪容仪表的要求。老师很头疼，多次打电话让我敦促她改正。我也没少批评她，还没收过她的化妆品，但她不仅没有改正，还对我和老师的干涉心生怨气。真不知怎么办才好。

女孩子爱美，作为妈妈我当然能够理解，可这样用心思有点过分了。她上了初中后突然就开始在打扮上用心了。每天上学之前她都要在打扮上花很长时间，梳什么发型、配什么衣服都要琢磨很久，一定要把自己打扮得令她满意了，才肯高高兴兴出门。我一度怀疑她是不是早恋，喜欢上哪个男孩子了，后来发现并没有。但这么小就开始在打扮上用心合适吗？会不会影响学习呢？

博士妈妈的话：青春期孩子"臭美"不要大惊小怪。

不论男孩还是女孩，进入青春期以后，由于生理的发育，加上社会事物的影响，开始追求他们心目中的美，这是孩子正常的成长变化。

尤其是小女孩到了青春期以后，都会开始有爱打扮的表现，比如染头发、穿漂亮衣服、戴耳环、抹口红等。像黄磊的女儿多多就给自己染了头发，男孩子也可能出现追求标新立异、喜欢赶时髦等行为。

作为家长，一方面要能正确看待这事，理解孩子行为变化背后的原因，不要一味地打击或者训斥他们，那样容易导致孩子产生逆反情绪，反而使事情向我们不愿意看到的方向发展。

另一方面，青春期的孩子对世界的看法和想法并不成熟，如果沉迷于打扮，甚至相互攀比，肯定会影响学习，所以家长一定要正确地引导。

我的建议是，在生活中，父母首先要多注意自己的言行，比如自己不要盲目追求名牌，以免给孩子带来不好的示范；父母给孩子打扮时，要考虑到他的年龄特点；平日陪孩子逛街买衣服时，可以不经意间向孩子传递正确的"衣着观"：学校里经常有劳动课、体育课，宽松一点儿的衣服有利于运动，又不会束缚身体，所以衣物选择舒服、朴素、干净的就好。如果孩子非要追求奇装异服，家长可以坚持一下自己的建议。但如果孩子的爱美行为属于正常范畴，父母也不要"上纲上线"，不妨参与其中，与孩子分享自己的经验，谈谈怎样的穿着更大方得体，怎样的搭配是美的，在提升孩子审美的同时，也能增进亲子关系。

此外，我们还可以跟孩子达成约定。比如孩子喜欢化妆，那么放学后或者节假日让她尝试化个淡妆，把自己打扮得美美的。或者跟孩子约定好，周一到周五要按照学校的要求穿着打扮，周末想怎么穿就怎么穿，但尽量不要过奇装异服。

在良好的亲子氛围下，我们还可以引导孩子通过更多方式来满足对美的需求，如绘画、摄影、运动、表演等，或者经常带孩子参加各种艺术展等有关美的活动，这样孩子就会不仅只从穿衣打扮上获得自我价值的认可，对美的认识也会更加丰富而全面。

第七章
单亲家庭:请保持你的从容不迫

单亲，目前已成为一个社会广泛关注的话题，单亲妈妈也成为家庭养育中不容忽视的群体。

在我的一次讲课中场休息时，一位年轻的妈妈来到我跟前，很焦虑地说想和我聊聊。她说她是单亲妈妈，孩子判给了前夫，离婚时因为跟前夫闹得不愉快，前夫一家人都有点阻拦她见孩子。而她好不容易跟孩子见一面，却发现6岁的儿子在这种紧张的家庭气氛中，性格变得孤僻、敏感甚至易怒。她非常心疼孩子，却又不知道在目前的处境下，如何让孩子在一个健康的环境中成长。

这个单亲妈妈遇到的问题，我觉得非常典型。作为妈妈，在离婚过程中，最在意的是对孩子身心的保护，想尽全力减少对孩子的影响。

不可否认，家庭的破裂的确会对孩子产生一些负面影响，但科学证明，孩子受父母离婚的影响是有限的，他们的接受能力和自我调节能力远比大人想象中的强大。

心理学家E.马维斯·贺兴顿发现，很多孩子会经历来自父母离婚的短期负面效应，特别是焦虑、愤怒、震惊和不信任感，这些反应通常会在父母离婚的第二年消失或减弱，只有少部分孩子的痛苦会持续更长时间。

一些研究者跟踪调查父母离异的孩子，直到他们进入青春期。结果显示，平均而言，这些孩子和家庭完好的孩子之间的差异是非常小的，真正影响孩子身心健康的是伴随着婚姻解体而至的较少的父母关爱。

所以，如果父母能把因为离婚过程引起的冲突限制到一定程度，并尽量少地将其暴露在子女面前，离婚对孩子的影响实际上是微乎其微的。后来，我给那位年轻妈妈的建议也是先处理好跟前夫的关系，尽量减少和对方家人的冲突，等双方能好好坐下来聊孩子的问题时，问题就好解决了。

那么，单亲家长该如何跟孩子相处呢？我提出三点建议。

第一，要打造正能量家长的形象，正向激励孩子。在这方面著名的

"学霸"明星张钧甯的母亲就是最好的示范。张钧甯的母亲郑如晴是台湾著名儿童作家、翻译家。在张钧甯读小学三年级时她和丈夫离异,后来她在书中回顾了这段经历:十几年前,这个家曾经历了一次大地震。来不及收拾震撼,首先想到的是两个女儿是否受伤。而家的温暖必须继续,厨房炒菜的声音要依然有力,餐桌前的谈笑声要依然响亮。我努力让家没有改变,只是这个家,从此少了一个人回来吃饭。

很显然,郑如晴即便离婚,也没有把负面情绪在女儿面前透露半分,努力在两个女儿面前维持阳光积极的形象。张钧甯深受她母亲的影响,成名后也极度自律,人生态度积极上进,一边做明星一边获得法学硕士学位,成为娱乐圈罕见的优质偶像。

第二,不要因为离婚,觉得对孩子有所亏欠而过分关注孩子。有些单亲母亲在经历情感的失败后,将精神寄托一部分转移到了孩子身上,或对孩子产生了更多的管控和期待,用"打造"孩子来弥补内心的缺失,或为了"补偿"孩子而给予过多的关注。这是非常不科学的。

第三,找到"装满自己杯子"的方法。照顾好自己的需要和感受,让自己活得健康、快乐,这样才有精力和热情和孩子相处。也不要让"爸爸"成为禁忌词,平时该夸就夸,该骂就骂,向孩子坦白你们分开的原因,更能让孩子坦然面对。

总之,离婚并不意味着人生的失败,它只是一种生活方式的改变。要以积极乐观的心态引领孩子奔赴未来的人生。生活不会辜负每一个努力的人。

1. 我们离婚了，该怎么告诉孩子？

【情景案例】

由于感情不和，我和孩子他爸在一年前就办理了离婚手续。但有个问题一直卡在我们心里：要不要把这件事告诉 6 岁的儿子小鹏？

本来，我想试探着跟他聊聊。后来，看到身边几个单亲家庭的孩子性格不是很好，都不爱说话，上学时还有很多同学笑他们，让他们很自卑，我们俩就决定先向儿子隐瞒离婚的事实。我跟他说，爸爸要到很远的外国工作，一年只能回家一两次，不过平时想念的话可以视频聊天。儿子听后虽然有点不乐意，但总算接受了。

一开始，他爸还算遵守承诺，经常跟儿子打电话、视频聊天。一年后，我发现他爸主动找儿子的时候越来越少，一打听才知道他爸又组建了新家庭，又要当爸爸了。最近，我发现儿子好像对我的话产生了怀疑，总是问他爸爸到底什么时候能回来。前几天，他不听话，我对他发了脾气，他哭着说想爸爸了，问是不是爸爸已经不要他了。我听了真是心如刀割，更让我不知道该如何跟孩子说出实情。

📢 **博士妈妈的话**：正确地告诉孩子更能降低对孩子的伤害。

父母离婚，对于一个 6 岁小男孩心智的发展来说，或多或少会有一些影响，所以，我能理解小鹏父母对小鹏隐瞒的决定。

不过，小鹏已经 6 岁了，6 岁左右的孩子可以对日常的事务做初步的判

第七章　单亲家庭：请保持你的从容不迫

断了，他也建立了相对稳定的自我核心的概念。这个年龄的孩子，他的一个重要任务就是发展对父母的关注和认同。

父母因为担心孩子不懂离婚是什么，不知道该如何向孩子开口而选择隐瞒，其实，孩子是很敏感的，他在日常的家庭气氛中也是会有所察觉的。所以，与其让孩子从外人口中得知各种信息，做父母的还不如直接对孩子说明，这样还能降低伤害。

接下来是如何正确地告诉孩子这件事，我觉得以下几点比较重要。如果夫妻双方已经达成一致，在告诉孩子父母离婚的时候不要撒谎，不要说妈妈去了很远的地方，或是爸爸去国外出差了。用心平气和的语气告诉孩子真相：爸爸妈妈离婚了，并不是他的错。就算爸爸妈妈离婚了，但对他的爱也不会消失，爸爸妈妈永远都会爱他、关心他。千万不要当着孩子的面数落对方、指责对方，更不要把责任推卸到孩子身上。父母在孩子的成长过程中扮演着重要的角色，诋毁任何一方都会伤到孩子。

对于孩子来说，父母离婚以后给他带来阴影的并不是离婚本身，而是离婚以后父母对孩子的冷漠，以及父母之间感情的冷漠。小鹏的妈妈说，刚离婚的时候爸爸还经常打电话、视频问候小鹏，但是后来随着自己组建了新的家庭，慢慢就冷落和忽视了对小鹏的关注。那么，这个时候小鹏妈妈应该主动与孩子爸爸联系，做好沟通工作。男孩子在成长过程中特别需要父亲的陪伴，如果父亲因为客观原因实在不能经常陪伴孩子，妈妈也可以想办法找一些替代的，比如孩子的舅舅、妈妈的好朋友或者孩子特别崇拜的男性亲戚等，这样也可满足孩子对父亲情感的依赖需求。

负责抚养的一方带孩子时，也不要因为觉得离婚亏欠了孩子而进行溺爱式养育，对孩子既要有温暖地爱，又要有原则地管。比如，父母刚离婚的时候，孩子有时候会哭闹，会愤怒或者悲伤，在这个时候，父母应该接纳孩子的任何情绪反应，不要让孩子产生负担，也不要用各种物质奖励随意满足孩子，正确引导孩子表达愤怒的情绪，用心真实面对就好。

单亲家庭的孩子，在他懂事以后，因为社会的偏见或者同学的取笑，可能或多或少地会有一些自卑，或者有不自信的表现。在孩子小的时候，父母可以通过给孩子讲一些绘本故事进行引导，平时注意多带孩子积极地参加社会活动，经常和亲戚朋友聚会，让孩子大胆地交朋友。一方面要让孩子走出父母离婚的家庭阴影，另一方面也要让他跟正常家庭的孩子一样健康快乐地成长。

2. 我离婚后，6岁的儿子变得很胆小，怎么办？

【情景案例】

儿子迪迪6岁，在上学前班。自从我和他爸离婚后，我发现这孩子变得很胆小，没有安全感。

我跟他爸刚开始分开时，因为他爷爷奶奶对我很有意见，有一段时间基本不让我见儿子，而他爸成天都在外面忙，很少陪伴他，所以有大半年的时间儿子基本就是跟爷爷奶奶过。

后来我觉得这样下去对孩子成长不利，就几次三番地跟他爷爷奶奶沟通，希望老人从孩子的角度着想，让我有机会多陪陪儿子。最近，我终于可以随时接送和看望孩子了。可我发现这种不正常的家庭环境让孩子的性格发生了很大的改变，孩子变得很胆小，即便是在家里，他只要一会儿没看见我，就会不停地哭泣，四处找我，一定要找到我才能安静。

以前迪迪是个很活泼的孩子，现在也不爱说话了，即便周围小朋友欺负他，他也不敢说，整天一副闷闷不乐的样子。幼儿园举办的活动，老师也跟我说只有迪迪不愿意参加。

平时在家也整天说很无聊，只有玩手机才能让他专注一会儿，前两天还说他爸爸都一周没打电话了，肯定不要他了。

我也跟他说过，爸爸妈妈虽然离婚了但都依然爱他，但他好像无动于衷，我现在不知道该如何和孩子沟通才好。

> 📢 **博士妈妈的话：单亲家庭的孩子同样能有幸福感。**

单亲家庭是一种社会现象，如果处理得好，它并不会影响孩子健康地成长。所以，离异的父母首先不要给孩子错误的情感暗示，向孩子传递单亲家庭不正常这种思想，让孩子认为自己是不正常家庭的孩子。父母离婚对孩子产生的最大影响，是孩子觉得父母不爱他了，所以，父母要跟孩子强调，离婚只是父母分开，并不意味着跟孩子分开，要强调父母对孩子的爱是不变的。

父母即使有一方不跟孩子住在一起了，也要定期来看望。迪迪妈妈要跟爸爸做好思想工作，让他多回来陪陪儿子，不管工作多忙，做好父母才是你们此生最重要的一份事业。我建议父子俩多去户外走一走，或者周末一起踢足球、打篮球等，因为在运动中孩子更容易跟父亲建立良好的亲子关系，也更有助于孩子锻炼好体魄，释放一些不良的情绪。而妈妈在孩子面前也要更从容不迫，要让孩子每天看到你灿烂的笑脸，这样才能让孩子更有安全感。

我们曾经做过一次调研，询问小学三年级以下的孩子他们觉得最幸福的事情是什么，91%的孩子的选择是有一个温暖的家。可见孩子越小，对家庭、对父母的依恋程度越大。

而幸福感对孩子的成长是至关重要的。在我女儿特别小的时候，我经常对她说的话是：妈妈最开心的事是看到你的笑脸。而且我女儿从幼儿园到高中毕业，甚至到现在上大学，我从来不问她考试多少分、考试的排名是多少，我只会问她：在学校有什么高兴的事情，能跟妈妈说一说吗？所以，我女儿从小就特别阳光自信，从幼儿园到高中到大学，她身边的好朋友特别多，她也常说自己是一个幸福的孩子。

第七章　单亲家庭：请保持你的从容不迫

美国前总统奥巴马在孩提时父母就离婚了，但他母亲在离婚后依然让他接受了良好的教育，他的父亲也会经常在书信中鼓励他要奋发图强、追求理想。为此，他写的第一本书的书名就是《我的父亲》。可见离异的父母同样能让孩子健康成长，关键在于单亲家庭中的父母要更好地爱孩子，让孩子时时感觉到幸福感，这是特别重要的一点。

3. 如何让女儿接受她的"二爸"?

【情景案例】

我原来是一个单亲妈妈,在女儿英子几个月大的时候就和前夫离了婚,之后都是一个人带着孩子生活。直至去年,我遇到了现在的爱人,今年我再婚了。

我的丈夫没有婚史和孩子,看得出他很努力地想要接受我的女儿,但是在最近的沟通中,我发现他虽然表现很好,但我觉得他还是不喜欢我的孩子,和孩子一起生活有压力。我的女儿在他眼里各种不懂事,而我一旦发现孩子犯了什么错,在他面前也很严厉地批评她。现在我女儿胆子很小,对这个后爸也很抵触,很怕他,但在学校和爸爸视线外却很活跃。我很担心长期这样会对女儿的成长不利,我该如何协调他们之间的关系呢?

 **博士妈妈的话**:做"二爸"千万别一开始就把自己当"父亲"。

很多重组家庭在刚开始几年甚至在婚姻持续这段时间中会一直面临继父母难以与子女融洽相处的问题。就像英子妈妈说的,孩子的继父也想表现得对孩子好,但是她仍然觉得他不喜欢自己的孩子。实际上,在这样的家庭当中,各方的关系都是非常微妙的。"二爸"和继子、继女的关系需要时间去建立,夫妻双方也要对对方有更多耐心和信心。

像英子妈妈这样的苦恼,我建议千万不要让爱人觉得自己在这个家是个外人,更不要当着女儿的面说他的不足,一定要及时了解他和孩子之间的隔阂点在哪里，然后找到匹配的情感技巧，对症下药，化解孩子与新配偶之间的矛盾与冲突。

对于"二爸"来说，打动女儿的有力武器就是一颗温柔、细致的心。当女儿心情不好的时候，不妨和她谈谈心，或者带她出去吃顿好点的大餐，等等，让女儿对你慢慢建立起信任和安全感，觉得自己是有父亲的。或许一开始会被拒绝，但只要有足够的诚意，我相信孩子会慢慢改变态度的。

此外，要注意始终把女儿的需求放在首位：如果孩子想要与她的亲生父亲共度时光，就带她一起去，再接她回来。平常适当给女儿买一些小礼物。对于处于青春期的女孩，千万注意不要有身体上过密切的接触，要让女儿觉得自己受到了保护和尊重，尽量避免吸烟、喝酒，不要让女儿反感。

而男孩子在成长过程中，难免会与父亲存在些许男性之间的斗争，如果是"二爸"，开始的关系会更加紧张，所以继父可以先与儿子成为朋友，一起打篮球、玩游戏……或许当你和儿子在一次网络游戏里并肩作战成了"战友"，或者在球场上完成了一次完美的配合时，他对你这位叔叔就会感觉熟悉和平等了。感情只有浓厚了以后才会上升为父子之情。男性如果不太善于表达自己对孩子的爱，可以用微信留言或写信的方式与孩子交心，把主动权交给孩子，做他背后的"好哥们儿"。

如果发现孩子对什么感兴趣，你正好也对这方面感兴趣，你们可以从这个领域开始发展出一段友谊。你对自己的定位最好是孩子的朋友，或者一个关爱孩子的叔叔，总之不要一开始就把自己放在孩子"父亲"这个角色上。所谓日久生情，孩子是很聪明的，时间久了当他知道你真的是在用心关心、爱护他，并且很尊重他，他会慢慢地接纳你，然后也可以和你成为好朋友，等到他从内心深处接受你了，你们就可以成为真正的一家人了。

4. 打架、文身、成绩差，单亲妈妈该如何拯救叛逆儿子？

【情景案例】

我是一名单亲妈妈，独自带着儿子刚子生活了11年。在儿子成长过程中，我遇到了各种各样的问题，现在儿子进入了青春期，越来越叛逆，让在生活和工作之间奔波的我心力交瘁。

我一直把整颗心都倾注在儿子身上。学习、生活上的需求都尽量满足他，就是怕他认为自己得到的爱不完整。但没想到，我所有的付出都变成了笑话。他不但学习成绩差，还爱打架、文身，所有老师一提到他就摇头叹气。

我不信任孩子，他也不理解我，我们之间的沟通一直有障碍。他动不动就用嘶吼的方式回应我。我打也打了，骂也骂了，也想着改变自己和孩子交流的方式，希望用温暖和爱来唤醒他，他当时会对我态度好点，过后又回到老样子。最近，我阻止他玩手机，他就威胁我要离家出走，他还小，我该怎么办？

 **博士妈妈的话：抓住关键5点，平稳度过叛逆期。**

单亲妈妈带着一个儿子生活的家庭，都有很多辛酸故事，我能体会到这位母亲心中的煎熬。一方面，她觉得没有给儿子一个完整的家，儿子得不到完整的爱。因为愧疚，很多时候就会什么事情都想顺着儿子，从物质方面给予孩子弥补。另一方面，她望子成龙，希望孩子各方面都出色。在

第七章　单亲家庭：请保持你的从容不迫

这样一种矛盾的心情下，母亲其实过得非常辛苦。那么，对于单亲家庭的孩子，如何管教才能让他更好地成长呢？我有五个小建议。

第一，母亲在儿子面前可以稍微示弱，把信任交给儿子，让他觉得他是家里的小男子汉，妈妈需要他的保护。比如说，当儿子外出的时候，你不要直接讲不准他出去或怎样。你只要告诉他，妈妈一个人在家很寂寞，希望他早一点回来，或者说，妈妈一个人在家很害怕。这样，儿子从小就会萌生一种责任心，觉得要保护好妈妈。所以，聪明的妈妈，尤其是单亲家庭的妈妈要懂得把信任交给儿子，要懂得在儿子面前示弱。

第二，千万不要直接反驳孩子的观点或决定，尤其不要直接说"你做得的不对""你做错了"，等等。对于一件事情的看法或者需要做决定的事情，母亲可以先和孩子一起商量分析，最后母子俩一起拿主意。妈妈要注意，千万不要在孩子面前说他喜欢的同学或朋友的坏话，这样特别容易激发母亲和孩子之间的矛盾。

第三，青春叛逆期的孩子，他的独立性和自尊心都特别强，他也特别希望能够得到大家的关注和认可。那么，孩子感兴趣的事情，妈妈一定要及时了解，如果可以，就让自己跟儿子共同进步。有时间多看看儿子喜欢看的课外书，多跟孩子聊他感兴趣的话题，这样更容易拉近你们之间的心理距离。

第四，青春期的男孩子，父亲的陪伴非常重要。妈妈可以找亲朋好友里儿子比较崇拜或者喜欢的男性来和他相处，如果孩子的父亲方便的话，也建议让他尽可能抽出时间多陪陪孩子。

第五，当母子之间关系紧张时，也可以换一个环境去沟通，比如一起旅行，一起去游泳、爬山等。在大自然中，人的心情比较容易放松，会更有助打开彼此的心扉。所以，如果刚子妈妈能够放下这份焦虑，学会与孩子智慧地相处，并坚持下去的话，我相信，情况一定会越来越好的。